小說家者流蓋出於稗官街談巷
語道聽塗說者之所造也孔子曰雖
小道必有可觀者焉致遠恐泥是
以君子弗為也然亦弗滅也
錄漢書藝文志 丁酉冬 傳華

丛书主编　程国赋　　副主编　江　曙

古代小说与梦

周彩虹　著

暨南大学出版社
JINAN UNIVERSITY PRESS

中国·广州

图书在版编目（CIP）数据

古代小说与梦/周彩虹著. —广州：暨南大学出版社，2018.1
（小说中国）
ISBN 978 – 7 – 5668 – 2235 – 2

Ⅰ.①古… Ⅱ.①周… Ⅲ.①古典小说—小说研究—中国
②梦—精神分析—研究 Ⅳ.①I207.41②B845.1

中国版本图书馆 CIP 数据核字（2017）第 266478 号

古代小说与梦
GUDAI XIAOSHUO YU MENG
著　者：周彩虹
....

出 版 人：徐义雄
策划编辑：杜小陆
责任编辑：王雅琪
责任校对：潘江曼
责任印制：汤慧君　周一丹

出版发行：暨南大学出版社（510630）
电　　话：总编室（8620）85221601
　　　　　营销部（8620）85225284　85228291　85228292（邮购）
传　　真：（8620）85221583（办公室）　85223774（营销部）
网　　址：http：//www.jnupress.com
排　　版：广州良弓广告有限公司
印　　刷：佛山市浩文彩色印刷有限公司
开　　本：850mm×1168mm　1/32
印　　张：8.875
字　　数：180 千
版　　次：2018 年 1 月第 1 版
印　　次：2018 年 1 月第 1 次
定　　价：36.00 元

（暨大版图书如有印装质量问题，请与出版社总编室联系调换）

总　序

本丛书系统研究中国古代小说与中国文化的关系，是一种普及性文化读本，融学术性、知识性、趣味性和通俗性为一体。其主要针对的是具有高中及以上学历的国内读者和海外中华文化爱好者。

本丛书的作者，既有年富力强的中年学人，也有年方而立的勤勉后学。他们的著作或为国家哲学社会科学基金项目、教育部社会科学规划项目、省级社会科学规划项目的研究成果，或是各自的博士学位论文，都是作者致力数年的研究成果，反映了近年来的学术新视角和新观点。

本丛书尤其重视文献学、文艺学与中国古代小说的综合研究，强调文本细读，有意识地在文化学的视野中探讨中国古代小说，多维度地研究其与中国文化的关系。丛书内容较为丰富，主要有以下六方面：

第一，古代小说作品细读与赏析。梁冬丽教授的《古代小说与诗词》讲述了古代小说与诗词的密切关系。中国古代小说引入大量诗、词、曲、赋、偶句、俗语、谚语等韵文、韵语，其独特的"有诗为证"体系对小说创作的开展及其艺术效果的提升起到重要的作用。该书主要由五部分内容构成：古代小说引入诗词的过程、古代小说创作与诗词的运用、诗词在古代小说中的功用、古代小说运用诗词创作的经典案例和古代小说引入诗词对后世小说创作的影响。杨剑兵副教授的《古代小说与爱情》，将古代小说中的爱情故事分为四类，即平民男女类、才子佳人类、帝王后妃类、凡人仙鬼类，再从每类爱情故事中精选四篇代表作品进行评析。吴肖丹博士的《古代小说与女性》，探讨中国古代小说与女性之间的关系，主要通过古代小说中关于女性的生动故事，结合社会生活史，让读者了解两千多年来女性在社会中扮演的角色和社会地位的变化过程。杨骥博士的《古代小说与饮食》，以古代小说文化为纲，中国饮食文化为目，通过特定的饮食专题形式写作，为读者展现中国古代小说的文化内涵。该书以散文笔调为主，笔触闲适轻松，语言风趣，信息量大，兼具通俗性和学术性。

第二，古代小说与制度文化。胡海义副教授的《古代小说与科举》，探讨中国古代小说与科举文化的密切关系，从精彩有趣的小说中管窥科举文化的博大精深。该书既有士子苦读、应试、考官阅卷、举行庆贺等精彩纷呈的科举场景，也有从作者、题材、艺术与传播等方面分析科举文化对古代小说的促进作用的理论阐述。

第三，古代小说与民俗、地域文化。鬼神精怪与术数、法术是信仰民俗的重要组成部分，也是古代小说的重要母题，因此杨宗红教授的《古代小说与民俗》主要分为四部分：神怪篇、鬼魂篇、术数篇和法术篇。神怪篇介绍了五通神、猴精与猪精、狐狸精、银精，指出鬼神敬畏正直凡人；鬼魂篇介绍了灵魂附体、荒野遇鬼、地狱与离魂的故事；术数篇介绍了相术、签占、八字、扶乩、灾祥、谶纬、风水术，分析了这些术数对个人、家庭及国家大事的影响；法术篇重点介绍符咒、祈晴、祈雨、神行术与变形术。江曙博士的《古代小说与方言》，以方言小说为研究中心，论述方言与中国古代小说的关系。该书以方言对小说的影响、方言小说的编译和近代以来方言与普通话之间的论争等为论述重点，以北方方言、吴方言和粤方言为主要方言研究区域，兼涉闽方言、赣方言和湘方言，探讨诸如苏白对清代狭邪小说人物塑造的影响、以俞曲园将《三侠五义》改编为《七侠五义》为例论述从说唱本到文人小说的改编等。

第四，古代小说与宗教关系。受佛教、道教思想影响，中国古代小说中涌现出千姿百态的神仙形象，何亮副教授的《古代小说与神仙》以此为突破口，追溯神仙思想产生的文化根源，探讨了中国古代小说中神仙信仰的文化内涵。叶菁博士的《古代小说与道教》，从道教文化与小说的视角出发，探讨道教思想、人物、仙境及道教母题对中国古代小说的影响。该书内容丰富，笔调生动有趣，可作为研究道教文化与古代小说的入门读物。

第五，古代小说的域外传播。李奎副教授的《古代小说与东南亚》主要论述中国小说在越南、泰国、印度尼西亚等国的传播及其影响。中国古代小说在新加坡、马来西亚、泰国主要以报纸作为载体传播，传播主体是华侨华人。中国古代小说传入越南的时间较早，对越南的小说和诗歌发展影响较大。中国古典小说在印度尼西亚最受欢迎的当属《三国演义》，出现许多翻译本和改编本。

第六，古代小说与心理学综合研究。周彩虹博士的《古代小说与梦》以中国古代小说中的梦类故事或情节为研究对象，运用的理论和方法既有本国的梦理论，又引入荣格学派的相关理论，尝试以中西结合的视野对这一传统题材进行深入浅出、生动有趣的解读，如以生命哲思为主题，结合梦的预测功能，介绍中国古代的释梦观念和释梦方法，并对《庄子》《红楼梦》等作品中的相关情节进行分析；以教化之梦为主题，结合阴影理论，解析《搜神记》、"三言二拍"、《聊斋志异》等相关作品。

本丛书有别于一般的学术性著作，不是简单地将学术著作以通俗语言表达，而是运用新的思维方式和写作方法，是一种有益的尝试，希望也是一种有益的实践。恳请读者朋友批评指正，提出宝贵的意见和建议。

程国赋
2017 年 10 月 10 日

目　录

引　言

心理学认为，梦是人类睡眠中某一阶段意识状态下所产生的一种自发性的心理活动，而个体在此活动中身心变化的历程，就是做梦（dreaming）的历程。在人们的生活中，做梦是经常性、普遍性发生的现象，我们都有"日有所思，夜有所梦"的经历。但是，到底梦是怎样发生的？在何处发生？是庄周梦见蝴蝶，还是蝴蝶梦见庄周？一个人是否能在烹煮黄粱的短短几十分钟内经历近五十年的人生？竟然有人一觉醒来文思泉涌、笔底生花，或一觉醒来文思枯竭、再无佳作？

按照现代科学的观点，梦是一种主体经验，是人在睡眠中产生想象的影像、声音、思考或感觉，通常是非自愿的。做梦与睡眠的快速眼动期（REM）有关，是发生在睡眠后期的一种特殊状态，其特点为快速的眼球水平运动、桥脑的刺激、呼吸与心跳速度加快，以及暂时性的肢体麻痹。一般人做的第一个梦，大约出现在入睡后的90分钟，梦境的持续时间为5～15分钟（平均为10分钟）。而在整夜的睡眠过程中，睡眠阶段会循环出现，所以人在一夜内要做4～6个梦。社会学家和心理学家则认为，梦是人类一种复杂的精神活动，它连接着极具主观性与虚幻性的个体心灵世界，同时又受到来自人类集体无意识、信仰及特定历史时期的社会心理、过去与现在真实事件的多重影响。

梦是个体在睡眠状态下的活动行为和生活表现，是"真实"的，是人生不可或缺的重要组成部分。现实生活与梦里的生活一起构成一个完整的人生。这两者会相互影响。这也是古今中外的人们都非常重视梦的原因。

甲骨文"梦"字

从文字的演变历程来看，早在甲骨文时期，汉语中的"梦"字就已经发展得相对成熟了。最开始的"梦"字基本上是一个会意字，右边是一张有支架的床；左上方是一只有着长长睫毛的大眼睛；左下方曲折向下的一笔，表示人的身体；剩下的部分，表示手指连带手臂。整个字形的原始含义是，人睡在床上以手指目，表示睡眠中目有所见。小篆字形，■（"寢"），由"宀"（房子）、"爿"（床）、"夢"（眼目不明）三个部分组成。意为夜间在床上睡觉，眼前模糊看不清，即做梦。《说文解字》卷七"夕"部："梦，不明也。从夕，瞢省声。莫忠切。又，亡贡切。"《康熙字典》："（梦）觉之对，寐中所见事形也。"

此外，中国古代还有大量关于梦的研究和解读。《庄子》之"齐梦觉"论直接影响了后世的"人生如梦"主题。《周礼》与《列子》将梦分为六种，张景岳在《类经·梦寐》中说："周礼六梦：一曰正梦，谓无所感而自梦也。二曰噩梦，有所惊而梦也。三曰思梦，因于思忆而梦也。四曰寤梦，因觉时所为而梦也。五曰喜梦，因有所好而梦也。六曰惧梦，因于恐畏而梦也。""周公解梦"就是当时流传下来的。《周易》是人们现在仍然常常可用到的解梦工具和方法。王充认为"天地合气，万物自生"，神、魂、魄等无形生命成分则是人在睡梦中，当身体休息时，在"无形"空间活动中的主要参与者。中医则认为"魂"是睡梦的主角，因为魂白天出现在眼睛里，晚上则回归肝脏；魂在眼睛就能看东西，魂在肝脏则会做梦。

弗洛伊德　　　　　　　　　荣格

　　西方心理学界研究梦最重要的两位大师是弗洛伊德和荣格。奥地利精神病医师、心理学家、精神分析学派创始人弗洛伊德的《梦的解析》，是有史以来第一次以科学的方法来分析和研究梦的著作。在书中，弗洛伊德通过对梦的科学性探索和解释，发现了梦的工作原理，以其天才式的、令人叹为观止的开创精神指出"梦是愿望的满足"，挖掘出人性的真正主宰——无意识。此外，弗洛伊德在《精神分析引论》《精神分析引论新讲》《精神分析纲要》等作品中也对梦进行了大量的论述。关于梦，弗洛伊德的主要观点包括：梦是被压抑的欲望变相的满足；梦的作用是维持睡眠；梦具有伪装、自我稽查和象征的作用；梦境是自我和本我交战的地方等。

　　弗洛伊德的释梦技术被荣格称为客观层面、还原简化的释梦法，与之相对的则是荣格的主观层面、综合放大的释梦法。荣格是分析心理学派的创始人，他认为梦是无意识发出的明确信号，人们认为梦杂乱无章是因为梦投射的特点，掩盖了人们对无意识语言的无知。梦就是无意识自己的解释，是无遮蔽的，"梦是无意识心理的自发产物……是纯粹的自然：它把天然而未经粉饰的真实呈现给我们"。荣格否认弗洛伊德的所谓稽查作用和梦的伪装理论，认为心理是自我调节平衡的体系，梦其实是无意识进行的补偿活动，它的作用是"提供内心生活的秘密，向做梦者揭示出他人格中的隐藏因素"，"梦是自我调节性精神系统的自然反应"。梦具有丰富的集体无意识意义，有的梦甚至具有预示未来的功能。在荣格看来，梦好像是一位诗人，他用生动形象且富有诗意的语言讲述了关于心灵的真理，这种诗意的语言就是象征。荣格的很多思想包括对梦的解读比较接近中国的传统思想和方法。他的学生就曾用《易经》帮咨询者释梦。

　　文学创作离不开人与生活，因而梦也经常地、大量地被写入文学作品中，甚至成为小说的描写对象。中国自古就有"从来传奇小说，多托言于梦"的现象。本书要探讨的对象是中国古代的记梦小说。不过，由于小说文体自身的孕育、发展和演变是一个动态的过程，先秦诸子散文中有一些寓言类的故事可以说是早期萌芽状态的小说，而一些史书中的逸闻趣事也具有小说的特征。因此，其中的涉梦部分也将作为本书探讨的内容。如第一章中将谈到庄子的"蝴蝶梦"和"髑髅梦";第二章中关于帝王的梦将涉及不少来自于史书的材料。

记梦小说是指以对梦的记录或描写为主要内容的小说,也包括那些在叙事结构中有关梦的描写具有重要或关键作用的小说。中国古代的记梦小说大致可划分为四个发展阶段:①以记梦、占梦为主的唐前草创期;②虚构"梦象"的唐代开拓期;③既重理性又追求世俗趣味的宋元发展期;④"梦象"叙事艺术全面发展的明清成熟期。不同时代,不同作者,不同的文学观念、审美取向、社会思潮,以及不同的创作水平,造成了记梦小说的种种差异。本书将打破时空的界限,将记梦小说按照内容和主题分成若干类,每一类列出若干代表作,概括介绍内容,并适当运用中国传统的释梦观念和西方心理学的释梦方法进行解读,力求雅俗共赏、知识性和趣味性兼具。

本书分为五个部分,每一个部分首先简要介绍相关的心理学理论,然后运用这些理论对具体文本进行分析和解读。理论介绍和文本解读两者之间并不是完全对应或割裂的,尤其是理论的运用会有很多交叉,这样编排是为了避免理论篇幅过于集中导致行文沉闷。我们希望既保证本书的学术性,又能使本书生动活泼、通俗易懂。第一部分,以生命哲思为主题,结合梦的预测功能,概括介绍中国古代的释梦观念和释梦方法,并对一些史书和《庄子》等作品中的相关故事进行分析;第二部分,以社稷天下为主题,结合文化无意识,阐释黄帝、唐太宗等古代君王的圣君良臣之梦；第三部分，以一般士子建功立业的仕宦之梦为主题，结合梦的补偿功能，对《南柯太守传》《枕中记》等唐代传奇小说和《聊斋志异》中的《王子安》《于去恶》等相关篇目进行解读；第四部分，以婚恋美梦为主题，运用阿尼玛等原型理论，对《红楼梦》和《聊斋志异》等中的相关章节和篇目进行解析；第五部分，以教化与梦为主题，结合阴影和人格的整合理论，解析《搜神记》、"三言二拍"、《金瓶梅》等中的相关篇目和章节。

第一章 生命哲思：梦幻人生

梦是一种自然的生理和心理现象，但在人类社会早期，对其思考和解读却带有很浓厚的神秘色彩。一些文人则借助梦对人生的价值和意义进行了深入的思考和探索。

第一节 预测未来：占梦之风

梦与现实之间有着种种神秘的联系，有一些梦指向未来，或者说，梦对现实有着某种预示作用。因此，弗洛伊德认为梦是愿望的达成，荣格认为梦具有一定的预测功能。带有预见性的梦是意识的未来行为或行动的预演，构成了做梦者未来的蓝图。它的象征内容可能勾勒了对未来矛盾的准备或解决，是做梦者对未来可能发生的事件的准备。这种梦被称为"先知"，它有可能碰巧与实际发生的事情相一致。这并不奇怪，因为梦是被压抑的元素的混合结果，它包括了所有的未被意识所接纳的感觉、思想和想法，换句话说，梦里所呈现的是那些我们想过但是没有去做的事情，因此，它必然在许多事情的结果预见上占据了先机。

一、风靡千年的占梦之风

我们的祖先早就看到了梦具有提示未来的作用，因此，占梦成为古人生活中很重要的一部分。但中国古代的占梦具体始于何时，因年代久远，很难进行考证。根据现存文献，最早提到"占梦"的人物是黄帝。皇甫谧《帝王世纪》中有这么一段记载："黄帝梦大风吹天下之尘垢皆去，又梦人执千钧之弩驱羊万群。"醒来后，黄帝自我分析："风为号令，执政者也；垢去土，后在也。天下岂有姓风名后者哉？夫千钧之弩，异力者也；驱羊万群，能牧民为善者也。天下岂有姓力名牧者哉？"于是"依二占而求之"，得风后、力牧两位名臣。他们二人在后来黄帝治理天下的过程中发挥了巨大的作用。尤其是风后，传说中他是黄帝的第一位宰相。不过故事的内容还是颇为荒诞，黄帝的时代，有没有文字都是一个很大的疑问，怎么还能通过析文解字来占梦？但是，参照国内外许多原始民族的情况，如果说黄帝的时代已经出现占梦这一行为，那倒完全是有可能的。

黄帝与力牧

《帝王世纪》和其他一些古籍还记载，尧有攀天、乘龙之梦，舜有长眉、击鼓之梦，禹有山书洗河、乘舟过月之梦。黄帝和尧、舜、禹时期的梦与占梦活动都是远古的传说，只能作为研究参考。在中国历史上，从殷人开始，梦和占梦才有了可靠的记载。在殷人的甲骨文字中，已经出现了比较规范的"梦"字。甲骨卜辞中有关殷王占梦的记载也很多。而且殷王总是问，其梦是否有祸，其梦是否有灾。这说明，殷王对其梦的吉凶非常关心，也说明占梦对殷王的生活有很重要的影响。

根据著名甲骨学家胡厚宣的归纳，殷王在卜辞中所占问的梦景或梦象，有人物、鬼怪、天象、走兽，还有田猎、祭祀等。在人物当中，既有殷王身旁的妻、妾、史官，又有死去的先祖、先妣；在天象当中，既占问过下雨，又占问过天晴；在走兽当中提到过牛和死虎。值得注意的是，殷王的鬼梦特别多。殷人不但认为鬼魂能够通梦，而且认为"上帝"（也称"帝"或"天"）也能通引人梦，此外，梦境、梦景和梦象都是神意的表现。

周人灭殷以后，武王曾为后嗣大伤脑筋，他决定用天神托梦来解决这个政治难题。《逸周书·武儆解》记载：

惟十有二祀四月，王告梦，丙辰出金枝、郊宝开和细书命诏周公旦立后嗣，属（嘱）小子（成王）诵文及宝典。王曰："呜呼！敬之哉！"

武王梦中"命诏周公旦立后嗣"，"诵文及宝典"的又是"小子"，成王就名正言顺地成了王位继承人。

殷周时代，凡国家大事都须占卜而后定。但不同的是，殷人占卜主要是占龟，占梦只是占卜的一项内容。周人占卜则是占龟、占易、占梦三者相参。根据《周礼·春官》记载，太卜为卜官之长，执掌有关占龟、占易和占梦的"三兆之法""三易之法"和"三梦之法"；以"三兆""三易"和"三梦"之占的结果"观国家的吉凶"，"吉则为，否则止"，并对凶兆采取补救的措施。所以殷王只有太卜一职，周王在太卜之下还有专职的占梦官。

周时人们对梦已经有了更多的认识，占梦官"掌其岁时，观天地之会，辨阴阳之气，以日月星辰占六梦之吉凶"（《周礼·春官》）。所谓"六梦"，即"无所感动，平安而梦"的正梦，"惊愕而梦"的噩梦，"觉时所思，念之而梦"的思梦，"觉时道之而梦"的寤梦，"所好而梦"的喜梦，"恐惧而梦"的惧梦。"六梦"之中有"惧"亦有"喜"，这说明周人对梦的心理和殷人单纯的惧怕颇不相同。庄子认为"梦者，阴阳之精也，心所喜怒则精气从之"；列子也说："此六者（指六梦），神所交也……一体之盈虚消息，皆通于天地，应于物类。故阴气壮，则梦涉大水而恐惧；阳气壮，则梦涉大火而燔焫；阴阳俱壮，则梦生杀……是以浮虚为疾者则梦扬，以沉实为疾者则梦溺。藉带而寝则梦蛇，飞鸟衔发则梦飞。将阴梦火，将疾梦食。梦饮酒者忧，梦歌舞者哭。故神遇为梦，形接为事。"可见，先秦时期人们对梦的认识多着眼于人的情绪和阴阳二气。

关于《周礼》的成书时间，虽然现在仍存争议。不过，参考《诗经》的有关记载，上述占梦制度基本符合西周时期和春秋早期的情况。《小雅·正月》曰："召彼故老，讯之占梦。"这是周王召唤故老（太卜多为故老所任）和占梦官来占梦。《小雅·斯干》曰："大人占之：维熊维罴，男子之祥；维虺维蛇，女子之祥。""大人"是对占梦官的尊称，这是占梦官为天子占梦。这句话的意思是说，王妃梦见熊罴是生男孩的预兆，梦见虺蛇是生女孩的预兆。梦熊生子的信仰，是从原始的周人以熊为图腾的信仰发展而来；梦蛇生女的信仰，则是因为周人多娶姒姓女孩为妻，而姒为夏人之后，原始的夏人以龙蛇为图腾，所以才产生了这种梦蛇即生女孩的说法。

　　《小雅·无羊》篇还说："牧人乃梦……大人占之二众维鱼矣，实惟丰年；旐维旟矣，家室溱溱。"这是牧人请占梦官为他们占梦。意思是说，梦见水中鱼多，乃是丰收有余的象征；梦见画有龟蛇和鸟类的旗子，是人丁兴旺的先兆。《诗经·小雅》所反映的这种情况，说明上自周王、下至民众，当时几乎无人不迷信占梦。

　　占梦在中国古代源远而流长，虽经春秋战国以来市场越来越小，但由于梦本身的神秘性尚未揭穿和未被理解，这种迷信不但代代相传，而且有一种特殊的顽固性。不过，时代在变化，迷信本身也在变化。

　　由于占梦深植于由初民梦魂观念所长期积淀的思想土壤，统治者自身也并不了解做梦的原因，他们仍然对梦有一种疑惧的心理。更重要的是，他们需要这种特殊的迷信，并利用它为其王权制造根据。因而，占梦虽然成了一种世俗的迷信，但统治者并没有，也不愿意同它决裂。《史记·高祖本纪》记载，刘邦的母亲"尝息大泽之陂，梦与神遇，……已而有身，遂产高祖"。据说当时"雷电晦暝"，刘邦的父亲还看见蛟龙在上面。这完全是以梦论证刘邦属"龙种"。《后汉书·冯异传》又记载，刘秀上台之前曾对冯异说："我梦乘龙上天。"冯异心领神会，赶快把他扶上皇帝的宝座。此后，历代帝王被孕育、上台，几乎都有神乎其神的梦兆。受孕之前，王妃必有受日、怀日之梦；上台之前，帝王必有乘龙、上天之梦。这简直成了一个套式。当然，也有些帝王挖空心思想搞些新花样。据《梦占逸旨·神怪篇》，朱元璋上台之前，其梦兆就和别代皇帝不大一样：

> 太祖梦西北天上有一朱台，四周有栏。上立二人如金刚。台南幞头抹额者数人列坐，中立三尊，若道家三清之状。数紫衣羽士以绛衣来授，揭里视之，有五彩。问此何物，道士曰："文理真人服。此上帝明命之验也。"

然而，无论朱元璋的梦兆如何变化，最后一句"此上帝明命之验也"暴露了天机。这说明其动机和目的与其他帝王并无二致。

二、占梦有术

占梦的渊源可以上溯到遥远的洪荒时期，影响至今。然而，占梦并不采用外在的、物化的神秘符号来沟通人神，而是以做梦者本身的做梦体验为依据来预测人事的凶吉祸福。由于梦是人们自身的一种体验，占梦正是以这种自我体验作为沟通神人、预示吉凶的中介。因此，较之于龟卜、占筮、占星等占卜方式，占梦更有一种特殊的神秘性和迷惑力。《汉书·艺文志》曰："众占非一，而梦为大。"

古人占梦

占梦源于初民的梦魂观念。初民以为做梦是灵魂离身而外游，而灵魂外游又为鬼神所指使。由此，梦被归结为鬼神对做梦者的启示，进而根据梦象体察神意而预卜吉凶。在殷周奴隶制时期，占梦是观察吉凶、决定军国大事的一种重要方式，因而，占梦是官方宗教神学的一个重要的组成部分。春秋以后，占梦逐渐变成了一种世俗迷信。一方面，占梦仍然保持着自身的特点；另一方面，它又同其他宗教神学互相渗透。刘文英在《梦的迷信与梦的探索》中谈到，同先秦相比，秦汉以后的占梦，主要有三个显著的变化：

第一，占梦从官方的一种宗教信仰，逐渐变成民间的一种世俗迷信。

第二，占梦作为一种迷信，同其他宗教迷信互相交流、互相渗透、互相利用。

第三，占梦作为一种方术，越来越复杂、精巧和圆滑。

两汉时期，随着中医理论的发展和阴阳五行学说的流行，人们对梦的认识和理解由表象而渐入其里。《黄帝内经·灵枢经》载：

正邪外袭，内而未有定舍也，反淫于藏，荣卫俱行而与魂魄飞扬，使人卧不得安而喜梦。气淫于府，则有余于外，不足于内；气淫于藏，则有余于内，不足于外。阴气盛则梦涉大水而恐惧，阳气盛则梦涉大火而燔灼，阴阳俱盛则梦相杀毁伤；上盛则梦飞，下盛则梦堕，甚饱则梦与，甚饥则梦取；肝气盛则梦怒，肺气盛则梦恐惧，心气盛则梦喜笑，脾气盛则梦歌乐，体重身不举，肾气盛则梦腰脊两解不属；其气客于心则梦见丘山火焰，客于脾则梦见丘陵大泽坏屋风雨，客于肾则梦临渊没居水中，客于膀则梦游行，客于胃则梦饮食，客于大肠则梦田野，客于小肠则梦聚邑街衢，客于胆则梦斗讼自刳，客于阴则梦接，客于顶则梦斩首，客于足则梦行走，而不能及居深井内，客于股肱则梦体节拜跪。

这种以正邪（阴阳）二气来确定所梦物象的方法，虽有将梦这一复杂的生理、心理现象简单化的毛病，但它毕竟还是比较客观地看待梦的产生与所梦物象，对人们认识梦有一定的帮助，为诊治多梦及其他梦症提供了一定的理论依据。可以说，《黄帝内经》是从人体科学和病理学的角度来认识梦、解释梦的。

魏晋时期，有一本《解梦书》非常流行，理论色彩很浓厚。《太平御览》卷三九七引《解梦书》：

梦者，象也，精气动也；魂魄离身，神来往也；阴阳感成，吉凶验也。梦者，语其人预见过失，如其贤者，知之自改革也。梦者，告也，告其形也。目无所见，耳无所闻，鼻不喘嗅，口不言也。魂出游（而）身独在。心所思念（而）忘身也。受天神戒，还告人也。受戒不精，忘神言也。名（明）之为寤，告符臻也。古有梦官，世相传也。

"受天神戒，还告人也"，古人认为梦象是受天命而来，也反映了古代的天人思想，即在古人的心中，梦象并不是自主产生的，而是一种天命的预告。"阴阳感成，吉凶验也"即所告人事往往关乎吉凶。人们在睡梦中看到的梦象具有一定的指向性，因此人们可以通过释梦或占梦来预见未来的吉凶。然而，人们在"目无所见，耳无所闻，鼻不喘嗅，口不言也"的状态下由魂魄出游而见到的梦象，其内容常常是虚幻的，所以对梦的理解也是充满想象和虚构的。因此，梦作为一种预兆，作为对未来之事的一种提示或警报，究竟如何解释，全靠释梦者的主观理解。

周易占卜

古代占梦术可以分为两大类：

一类是借助其他占卜方式占梦，如龟卜法、占星法，《易》术，五行术，甚至还有相术等，通常只关注梦象中的相关要素，通过要素实现与其他占卜方式之间的转换。占梦最早依附于占星术，《周礼·春官》中有"以日月星辰占六梦之吉凶"的记载。后来，占梦又与《易》术、五行术联系在了一起。早期，占梦需要的知识相当驳杂，要掌岁时、观天地、辨阴阳、识星辰。

另一类是通过分析和解释梦象的意义来获得梦兆。按照梦象与梦兆的关系，此类占梦术可分为直解、转释和反说三种，其中转释占梦最为常见。转释的方法包括解字、谐音、象征、连类、类比、符号转换等。

随着人类认识能力的增强，人们尤其是帝王对梦的迷信逐步减弱，到汉代以后便不再设专门占梦的官职；五代以后，不仅不再有占梦的名家，甚至江湖上的圆梦先生也不多见了；到了元明时期，占梦作为一种职业已不存在，但占梦的"知识"仍广为流传。

古人占梦有"五不占"和"五不验"之说。他们认为占梦同卜筮、《易》术一样，是一种求得与神灵沟通的神秘过程，对其神秘性不能有丝毫的怀疑，必须至诚至敬，所以，占梦也就有了许多条条框框，其中比较重要的是"五不占"和"五不验"。"五不占"是神魂未定而梦者不占，妄虑而梦者不占，寝知凶厄者不占，寐中撼寤而梦未终者不占，梦有始终而觉佚其者不占。即心神不定而成梦的不占，胡思乱想而成梦的不占，醒后知道有凶险的不占，睡眠中被摇醒而梦未做完的不占，梦虽有头尾但醒后已记不全的不占。换句话说，只有平静地入睡且睡眠中没有什么干扰时做的梦，醒后还能完完整整地把梦记下来的才能占验吉凶休咎。之所以如此，是因为许多人认为人只有在恬静无干扰的睡眠状态中才能得到神灵的启示。"五不验"是说有五种情况占梦不灵验，一是"昧厥本原者不验"，也就是说精神不太正常的人占梦不灵验；二是"术业不精者不验"；三是"精诚未至者不验"；四是"削远为近小者不验"；五是"依违两端者不验"。所以有人认为"必有大觉而后能占大梦，不然，则亦觉亦梦也"。

然而，这些古法和戒条对占梦有没有帮助以及有多大的帮助，都是一个未知数。无论术士凭借何种术数，最终的结果都未必能够应验。正是悟到了这一点，那些江湖术士对这些戒条才视若无睹，他们中的许多人仅是凭借流传下来的诸如《周公解梦》等一类的占梦书，到处招摇撞骗，愚弄求占者。其实，无论"古法"，还是古代的梦书之类，都不能全面而科学地揭示梦的本质，因而也就无法正确阐释梦所包容的复杂而微妙的社会、文化意义，甚至无法阐释梦所具有的生理、心理内容。

第二节　共时性：周宣解梦及同梦现象

一、梦的共时性现象

古人对梦有一种特殊情感，因为梦可以承载人们的种种希望和幻想。据《左传·襄公三年》记载，郑文公有一妾名燕姞，曾经梦到天使送给她一束兰花，燕姞因此而怀了孕。兰花香气淳郁，人们都很喜欢。某日，郑文公见到燕姞手里拿着一枝兰花，便让她陪伴自己，燕姞乘机说："贱妾已怀有身孕，如果不信，敢用兰花打个赌吗？"郑文公说可以。不久燕姞就生了个男孩，取名为兰，就是后来的郑穆公。后来，人们就把妇女怀孕称作梦兰，而如果真的做了关于兰花的梦就预示着能生男孩。因此久婚不孕的女子更是时刻幻想梦兰。

古人迷信占梦固然与梦的预测功能密切相关，不过，梦境与现实的一致性还可以用共时性原则来解释。共时性（synchronicity）也可称为同时性，是荣格对一系列神秘的巧合现象的一种解释，它是指"两种或两种以上事件的意味深长的巧合（meaningful coincidence），其中包含着某种并非意外的或然性的东西"。事件之间的联系不是因果律的结果，而是另一种被荣格称为非因果性联系的原则（acausal connecting principle），其决定性因素是意义，是来自个人的主观经验：各种事件以意味深长的方式联系起来，即内心世界与外部世界的活动之间、无形与有形之间、精神世界与物质世界之间相互联系。这种联系只有在没有自我意识介入的时刻才能产生。它不是在精神的无意识中孕育的，而似乎走出了精神本身的秘密设计。这些比率或大或小的共时性活动，发生在大多数人的日常生活中。例如，你正在谈论或想念某个朋友时，朋友就来了，即所谓"说曹操，曹操到"；或者你梦见一些事，后来就听说了；或就在你做梦的同时，发生了这些事，诸如此类的所谓的神秘现象。荣格认为共时性作为一种巧合现象，并不局限于心理的领域，可以从"心灵母体内部"与"我们外在世界"，甚或同时从这两方面跨越进入意识状态。当两者同时发生时便称为共时性现象。它包括三个范畴：

第一，产生于现在，内心事情与外界事情同时发生，例如实际事情与梦中事情相似。

第二，扩大我们与世界的关系，而找到更广大的意义。

第三，人在内心寻找意义，如预言等。

什么样的事件可以称为共时性事件呢？荣格认为有两种情况。一种情况是，心境以及与之相符合的外在事件，两者相互巧合，具有一定的同步性。但巧合的外在事件是在观察者知觉的领域之外发生的，而且只能在事后验证。另一种情况是，心境以及与之虽相符合。却尚未存在的未来事件相互巧合，这种事件隔着一段时间的距离，而且同样也只能在事后验证。在生命的早期，母子是共生共体的，比较敏感的女性在受孕前后会发生一些心理变化，梦中出现与受孕有关的情境或意象是有可能的。因此，梦熊、梦兰等如果并非杜撰而是确有其梦的话，那么它们可算作是第二类共时性事件，即感应类梦境。

梦见日月而怀孕

二、周宣解梦的法宝

如果观察足够细致，思维足够敏锐，能够捕捉到共时性事件的蛛丝马迹，对于释梦是有很大帮助的。三国时期的周宣就是这样一位占梦大师。他的占梦术被史家称作"玄妙之殊巧，非常之绝技"（《三国志·魏书·方技传》）。周宣，字孔和，乐安（今山东境内）人。建安七子之一的刘桢曾梦到有长了四只脚的蛇穴居门内，请来周宣帮他占卜。周宣就说，你这个梦暗示会有女贼被杀，这是国家之事，与你的家事无关。不久，郑、姜二女贼果然被捕杀。蛇为阴，女子亦属阴，所以周宣以梦蛇为女子之象。蛇没有脚，长了脚就是不祥，有脚之蛇居于大庭广众之中，众人就会因为它不祥而杀它，所以周宣认为应该会有女子被杀。这件事虽然在史传中有记载，但极为荒诞，殊不可信。可当时在民间却被视作美谈而广为流传。

关于周宣还有一个很有名的故事。魏文帝曹丕曾经找来周宣，问他："吾梦殿屋两瓦堕地，化为双鸳鸯，此何谓也？"周宣答道："后宫当有暴死者。"文帝本来并无此梦，只是随口编了一个试验周宣的占梦术，就说："吾诈卿耳！"周宣对文帝说："夫梦者，意耳。苟以形言，便占吉凶。"话还没说完，黄门令就上报说宫人相杀。周宣以为梦就是人的所思所想，只要用语言表达出来，都可以占验凶吉祸福。梦与现实借助语言媒介将人们的思想意识沟通起来，传统的"五不占"戒条在周宣这里完全失去了作用。周宣占梦多是就梦论事，很少凭借其他术数，但因为他把握了梦与思想意识、与后宫争斗之间的联系，让他的解释有了心理和现实的双重依据。

曹丕①

又有一次，曹丕说："我昨夜梦青气自地属天。"让周宣占其吉凶。周宣答道："天下当有贵女子冤死。"当时，文帝刚刚派了使者到邺城赐甄后死，听了周宣的话很后悔，但派人去追已经来

---

① 此图出自广百宋斋刊行的《图像三国志演义》。

不及了，甄后最终冤死。文帝又问："吾梦摩钱文，欲令灭而更愈明，此何谓邪？"周宣一副怅然的样子，没有回答。文帝追问，周宣无奈只好说："此自陛下家事，虽意欲尔而太后不听，是以文欲灭而明耳。"原来，文帝想要治他的弟弟曹植的罪，太后不同意，只能略加贬爵了事。曹丕赐甄后死，治曹植的罪，天下人都知道原因。文帝问梦，周宣便巧妙地将这两件事与梦联系起来，答词似明而暗，似暗而明。甄后和曹植的命运掌握在文帝的手中，文帝的梦便与此事有了十分微妙的联系，并具有很强的预示意义。当然甄后之死与曹植被贬，早有迹象，周宣敏锐地捕捉到了这些信息才能准确释梦。

　　周宣的占梦可以说是建立在心理分析基础上的逻辑推理。其"后宫当有暴死者"之占，就是先从梦兆解释文帝的心理。殿屋即后宫。两瓦无端堕地，实属突然，且堕地必粉，化为双鸳鸯则是两瓦为女子之兆。经过这样的词义解释，周宣窥见了文帝之梦的心理密码，进而推理出"后宫当有暴死者"的结论。周宣三占刍狗之梦，逻辑推理的痕迹更为明显，详见《魏书》本传：

　　尝有问宣曰："吾昨夜梦见刍狗，其占何也？"宣答曰："君欲得美食耳！"有顷，出行，果遇丰膳。后又问宣曰："昨夜复梦见刍狗，何也？"宣曰："君欲堕车折脚，宜戒慎之。"顷之，果如宣言。后又问宣："昨夜复梦见刍狗，何也？"宣曰："君家失火，当善护之。"俄遂火起。语宣曰："前后三时，皆不梦也。聊试君耳，何以皆验邪？"宣对曰："此神灵助君使言，故与真梦无异也。"又问宣曰："三梦刍狗而其占不同，何也？"宣曰："刍狗者，祭神之物。故君始梦，当得余食也。祭祀既讫，则刍狗为车所轹，故中梦当堕车折脚也。刍狗既车轹之后，必载以为樵，故后梦忧失火也。"

刍狗即用草编结成的狗，供祭祀用。既为草编，便祭后弃之，车轹马踩，拾以为薪。周宣根据这一过程，推理刍狗三梦，故有"君欲得美食"，"君欲堕车折脚"，"君家失火"三占。尽管事后求占者说明并无此三梦，只是要试一试周宣的占梦术，然三梦已验。周宣认为梦是人们的思想意识的表现，只要用言语表达出来，不论是否确有此梦，都可作真梦看待，可以据以占卜吉凶福祸，大至国事，小如某人折脚，都能一一占验。正因为如此，魏文帝任命周宣为太史中郎。《魏书》本传评道："宣之叙梦，凡此类也，十中八九，世以比（朱）建平之相矣！"

周宣的占梦不是凭借某种术数，而是根据自己对梦的理解，在心理分析的基础上进行逻辑推理，这使他的占梦术给人以一定的真实感。占梦实际上是对梦与未来物象之关系的探讨和解释，想要使自己的解释更加接近事实，首先对梦必须有一个基本的理解，既不能看得过于神秘，也不能统统看成是幻象。周宣占梦之所以比较灵验，除了陈寿有意涂上的神秘色彩，主要还是周宣对梦的理解比较接近科学。

梦既是正常的生理反应，也是人的思想意识的表现；它既包括对以往行为、思想意识的回忆和检讨，也包括对未来的设计与构想。但由于梦是人们处于休眠状态的大脑皮层活动，是无规则的心理活动的映现，因而是非理性、非逻辑的，有时甚至呈混沌状态。所以，从科学的角度讲，释梦实际上是对梦中物象与心理活动程序的理性梳理，使其条理化、理性化，进而发现其内在的逻辑，还原人类做梦时的思维方式与思维过程。

三、同梦之谜

梦是无意识的语言，一旦人们读懂了它，就掌握了通往无意识的路径和方法，也就能够理解很多共时性事件出现的原因，可以为自己解梦。共时性事件常常发生在关系比较密切的亲友之间，人们会有心有灵犀、心心相印的感觉。

《搜神记》中借梦境表达朋友之间灵犀相通、情意相投的名篇较多，如第 261 条"谢郭同梦"、第 299 条"范巨卿张元伯"等。《谢郭同梦》是典型的"二人同梦"模式。会稽谢奉与永嘉太守郭伯猷关系密切，谢奉梦见郭伯猷与人在浙江上争雩蒲钱，被水神责怪，郭伯猷溺水而死，谢奉操持郭伯猷的丧事。谢奉醒来，去郭家下围棋，对郭伯猷说起昨日所梦，郭伯猷听了很失落，说自己也做了同样的梦。一会儿，郭伯猷去上厕所，结果倒地身亡。谢奉就帮他操持丧事，"一如梦境"。

《范巨卿张元伯》，该故事又见《后汉书·范式传》。张劭生时与范式约定两年后相见。不料两年未到，张劭得病将死，因没见到范式深感遗憾，因而托梦给范式报告自己的死期。范式醒后马上整理行装奔丧。此时，张劭的灵柩已到墓地，却变得奇重而无法被推入墓穴，直到范式到来牵引灵柩上的绳索才入土为安。作者把范、张二人至死不渝的真挚友情描写得刻骨铭心。在社会政治失常、人际关系冷漠的时代，这种朋友间灵犀相通的可贵情感特别值得珍视。元代作家宫天挺将其演绎为杂剧《生死交范张鸡黍》，后世甚至把"范张鸡黍，约期不忘"作祛蔽启蒙的成语，可见其影响之深远。

唐代白行简的传奇小说《三梦记》中，一共叙述了三个梦。第一个梦讲述刘幽求无意闯入妻子梦中，见到妻子与众男女在佛堂中宴饮娱乐。他用石子投掷，眼前景象如云烟消散，不见了众人。而当他回家发现妻子刚刚梦醒，妻子的梦与自己所见完全契合。第二个梦讲述元徵之虽与友人不在一个地区就职，但二人在梦中见到了对方此时此刻的生活场景及游行过程。友人收到徵之书信一封，信中内容恰好与友人最近的行踪一致，而落款时间与现实发生的事件是同步的。最后一个梦讲述窦质梦到女巫赵氏青裙素襦，迎面拜揖。第二天，窦质果然遇到昨晚梦里的女巫，给了女巫二钱。而女巫诉说自己也做了同样的梦。

《醒世恒言》第二十五卷《独孤生归途闹梦》，主人公独孤生出外投靠朋友，因友人有战事缠身，不能及时相见，耽搁回乡日期，独孤生的妻子牵挂丈夫，因思成梦，而独孤生与妻子心有灵犀，二人做了同样的梦。梦中妻子在佛堂中被众少年逼迫唱歌，一连唱了七首。七首曲子情意悲戚，流露出独孤生与妻子之间的相思之苦。《初刻拍案惊奇》卷二十《李克让竞达空函　刘元普双生贵子》，刘元普积德成善，救助已故好友裴习的遗女和李克让的儿子，成就二人姻缘，感动故人在天之灵。故人托梦，要为刘元普添子增寿。母亲张氏、李春郎、兰孙三人也梦见同样的情景。

　　妻子和丈夫不得已长期两地分居，因思念而互相入梦；特别要好的朋友之间互相牵挂，在遇到重大事故的时候梦到对方；甚至与女巫同梦，与亲人同梦等。这些同梦现象是一种特殊的共时性事件，是心灵感应现象。

第三节　生命哲思：庄子的梦

一、蝴蝶梦与变形的象征

　　梦是有迹可寻的，不然何以有寻梦之说？古人认识到了这一点，却找不到合适的寻梦途径，因而就去向占梦术士和通灵者求助。中国古代的梦文学或是以梦为缘起，借梦开篇，或是中间掺入记梦述梦，或是以梦结尾，但不论何种情况，只要写到梦，基本上都要写占梦。不过，文人笔下的占梦与术士占梦有很大的不同，他们不是从梦来看一个人的命运，而是借梦来阐释人生与社会，表现自己的人生观与人生理想。这种现象在中国古代记梦述梦的叙事文学作品中表现得最为充分：汤显祖的"临川四梦"，"因情成梦，因梦成戏"；曹雪芹以一场大梦结撰整部《红楼梦》；《水浒传》用"徽宗帝梦游梁山泊"结束全书；《三国演义》"大梦谁先觉，平生吾自知。草堂春睡足，窗外日迟迟"。

做梦是人类普遍的经验。从现象上来说，梦也是种生活经验，醒来回想，才会发觉，一切都是入睡时于脑中经历的。尽管梦中的感觉就像醒时一样真切，仿佛是在真实世界里发生的，只有回想时才会发现那不过是场梦。每个人对于梦的体验有非常大的差异。对有些人来说，他梦中的行为是连贯的，也是合乎逻辑的，但对另外一些人而言，梦中的行为可能是支离破碎和不合逻辑的。有些人的梦是现实的，与日常生活没什么两样，有些人的梦却是象征的、抽象的。有些人的梦非常真实，有些人的梦却非常魔幻。

梦中会出现现实世界里不可能发生的事情，如时空的刹那改变、年龄的变化、已故人的现身，或出现幻想中的人或物。荣格派认为，梦中最激烈的变化，是自我认同（ego-identity）可以从某一角色转换为另一个角色，或者它根本没有依附在某个人物身上，而是梦境自我（dream-ego）以一种仿佛是无所不知、无所不在的姿态观看一切。

正是由于梦中角色的任意转换和梦境自我全知全能的功能，部分描写此类梦象的记梦小说便具有了明显的象征意义。"庄周梦蝶"可以说是中国古代文学史上最出名的一场梦：

　　昔者庄周梦为蝴蝶，栩栩然蝴蝶也。自喻适志与！不知周也。俄然觉，则蘧蘧然周也。不知周之梦为蝴蝶与？蝴蝶之梦为周与？周与蝴蝶则必有分矣。此之谓物化。（《庄子·齐物论》）

庄子梦蝶

　　文中，庄子运用超乎寻常的想象力和浪漫的表现手法，讲述"我"在梦中幻化为蝴蝶，醒来后蝴蝶又复化为"我"的故事，阐释了"物我同一"的哲学命题。

　　这个典故具有丰富的哲学内涵和奇妙的美学境界，还隐约流

露出对"人生如梦"的宿命论的概括，引发后世众多文人骚客的
共鸣，成为他们经常吟咏的主题。如唐代诗人李商隐那首著名的
七律《锦瑟》：

> 锦瑟无端五十弦，一弦一柱思华年。
> 庄生晓梦迷蝴蝶，望帝春心托杜鹃。
> 沧海月明珠有泪，蓝田日暖玉生烟。
> 此情可待成追忆，只是当时已惘然。

在整个封建社会中，文人很少得志，失意和痛苦常常伴随着
他们。因此，不少人包括一些赫赫有名的文人都视人生如梦，时
常发出"梦如人生"的感慨，以人生写梦，以梦喻人生。在一些
文人的笔下，梦常常是人生的代名词，占梦则无异于人生游戏，
他们关注的不是占梦的结果，而是占梦的过程，在这一过程中求
得消遣和慰藉，这也是一种人生态度。《庄子·齐物论》："方其
梦也。不知其梦也，梦之中又占其梦焉，觉而后知其梦也。且有
大觉，而后知此其大梦也。"要了解中国古代文人的人生态度，
不应忽略中国古代的梦文学。

庄子①

　　庄子生活在战国中期，是宋国蒙（今河南商丘）人，曾在蒙的漆园这个地方担任过一段时间小吏，他的生卒年不祥，司马迁也只说他"与梁惠王、齐宣王同时"，大致与孟子生活的时代差不多。他家境非常贫寒，居住在"穷闾陋巷"之中，"衣弊履穿"，不时断炊，饿得面黄肌瘦。《庄子·外物》"庄周家贫，故往贷粟于监河侯"说的正是他现实中的生活状况。虽然生逢乱世，又家贫如洗，但他生性孤傲高洁，鄙弃世人飡禄位、求仕进的行为。他嘲讽派使者带着千金求聘他的楚威王，还曾经狠狠挖苦过他的宋国老乡曹商。因为鄙夷仕途俸禄，酷爱自由，追求放

———————

　　① 此画由元代画家刘贯道绘制。现藏于美国纳尔逊·艾京斯艺术博物馆。

任、自在，所以宁可过着贫困艰难的生活，也不愿屈志从仕，使身心受到羁绊。虽然老子对儒家的"仁义礼智"也是排斥的、否定的，但庄子对孔子及儒家的积极干政、维护统治的救世愚行则展开了直接、全面、尖锐的攻击。因此，林语堂说："西方人不必再批评孔子，因为庄子一人对他的攻击就已经够严苛了。"

从心理学的角度看，梦中与梦醒时庄子与蝴蝶互化，这是一种变形，而变形则与自性和自性化有关。荣格认为自性（self）代表着一种"整体人格"，是意识自我（conscious-ego）维持人格外在统一的基础和根据。自性作为精神的一种整体力量，它的特点是能够潜在地把一切意识和无意识（也称潜意识）的心理过程、内容和特性结合在一起，使之组成一个有机的整体。自性也是每一个社会成员毕生所力求达到的目标，人们在实现这个目标的过程中为此所做的一切，就是一种"自我实现"，即自性化。因此，荣格把自性看作是整合人的意识和无意识的一种巨大的精神力量。当人生的价值无法向外求取和实现的时候，向内追求精神的丰富、思想的自由和内在世界的饱满，寻求自我的实现，就成了庄子这位旷世奇才的奋斗目标。一切人格的最终目标，是充分的自性的完善和自性的实现。只有少数人能到达那个地方，而正如荣格所指出的那样，在中年以前自性原型可能根本就不明显，因为对大多数人而言，他们必须等待自我的成熟。在自性原型以某种程度的完整性开始显现的同时，人格也正在通过自性化而获得充分的发展。

鉴于材料的限制，我们很难考证庄子的蝴蝶梦究竟是在他多少岁时做的，是在他的中年还是老年。但是，他梦中的蝴蝶却有着深厚的集体无意识的象征意义。历史上，诸多学者考证庄子很可能是楚人，吴一文、唐艺嘉在《"庄周梦蝶"文化渊源探考》中认为，苗楚同源，苗族有着浓厚的蝴蝶崇拜，蝴蝶是他们的祖先，有"蝴蝶妈妈的祭仪"，人死之后变成蝴蝶，以方便认祖归宗。因此，化蝶、梦蝶等传说故事也反映了苗族人的生死观。庄子即使不是楚人或苗人，他也必定受到了这种观念的影响。所以说，庄周梦蝶即庄周梦死，庄周之"死"与苗族视"化蝶"为死，以蝶为凭通向祖先有相通之处。

《蝴蝶妈妈》①

---

① 如画为贵州师范大学美术学院教授王瑛绘制的苗族风俗作品《蝴蝶妈妈》。

庄子是否为楚人或苗人只能作为学术观点存疑，但蝴蝶作为变形的象征与自性关联确是一种普遍的文化现象。梁祝故事中，梁山伯与祝英台爱情受阻，死后变成蝴蝶出双入对，实现了长相厮守的心愿。在不少古籍或少数民族传说中也有僧人化蝶、姐妹化蝶的记载或故事。（《梁祝化蝶考》，《艺术百家》2015年第5期）

在国外，蝴蝶也具相似的意义。美国的墨里·斯坦因（Murray Stein）在他的《变形：自性的显现》一书中，谈到他的一位三十五岁的女性病人梦中看到了自己的尸体躺在棺材里，她爬过棺底，穿过一条又长又黑的地道，遇到了一位老人，老人把她层层裹起来，吊在天花板上晾着。两人一起看着许多季节次第而来，岁月流转，终于，老人打开了茧房，一只湿漉漉的蝴蝶呈现在眼前。阳光下，蝴蝶开始变得干爽。"现在这只蝴蝶飞在空中，然后它又降落在地上，落在一条烂泥路上。渐渐地，它长出了一个女人的头和身子，那蝴蝶被吞并了，我能感觉到它在我胸中。"梦中蝴蝶的变形是一个重要的暗语，形象地展现出这位女性在刚刚进入中年时，她的生活尤其是内心经历的微妙而重大的转变。最后，蝴蝶与她融为一体，如同庄子在梦中以为他变成了蝴蝶，梦醒时却觉得是蝴蝶变成了他，庄子与蝴蝶也是一体的。变形引导人们更深切和完备地变成他们"所是的"人和已经"潜在是的"人。那么，当时的庄子是否也如这位女性一样，经历了人生具有重要意义的转变，内心也发生了一些变化，更坚定了自己愤世嫉俗、特立独行，一定要活出自我的决心与信心呢？

二、髑髅梦及其转化的意义

《庄子·至乐篇》中还有一则"髑髅梦"的故事：

庄子到楚国去，途中见到一个髑髅（死人的头盖骨），枯骨突露现出原形。庄子用马鞭敲了敲它，问道："先生是贪生背理而死，是遇上了亡国的大事，遭受刀斧的砍杀而死，是有了不好的行为，担心给父母、妻儿留下耻辱，羞愧而自杀身亡，是遭受寒冷与饥饿之类的灾祸而致死，还是享尽天年自然死亡呢？"庄子说完，就枕着这个髑髅睡着了。

到了半夜，髑髅给庄子托梦说："听你说话，应该是一个善辩之人。但你所说的那些，全属于活人的拘累，人死了就没有这些忧患了。你愿意听听人死后的情形吗？"庄子说："好。"髑髅就接着说："人一旦死了，在上没有国君的统治，在下没有官吏的管辖，也没有四季的操劳，从容安逸，与天地共存，即使君王的快乐，也不可能胜于此。"庄子不相信，说："我让主管生命的神灵恢复你的形体，让你重新长出骨肉肌肤，使你返回你的父母、妻子、儿女、左右邻里和朋友故交中去，你愿意吗？"髑髅皱眉蹙额，很不情愿地说："我怎么能抛弃君王般的快乐而再次经历人世的劳苦呢？"

庄子在他的妻子死后，击缶而歌，并告诉前来吊唁的惠子，他的妻子原本就不曾出生过，没有形体，也没有元气，现在死亡是重新回归天地之间，如同四季的轮回与更替一样，我们作为活着的人应该参透生死，不应该悲伤哀号。紧接着，庄子就用这则"髑髅梦"说明生者的劳苦与死者的至乐，生者要遭遇"贪生失理""亡国之事""斧钺之诛""不善之行""冻馁之患"等拘累，而死者却可以拥有"无君无臣""无四时之事""虽南面王乐，不能过也"的至乐境界。否定生时的苦累，肯定死后的至乐，庄子明显表现出生不如死、视死如归的厌世思想。

如同"蝴蝶梦"一样，"髑髅梦"也成为后世文人热衷于歌咏的题材。只是前者空灵、闲适、唯美，后者滞涩、沉重、黯淡，它们以不同的角度启发着人们对生命的领悟，成为古代士子们在"兼济天下"的理想破灭之后，转向对自身及宇宙的关注。不管是人生如梦的感叹，还是黄粱美梦、南柯一梦的顿悟，都是庄子思想的一种延续，在貌似消极的背后，实质上是对于人生的深层感悟和体验，蕴含了一种退一步海阔天空的大智慧。

庄子思想是对老子思想的继承和发展，他们共同倡导"天道"、宣扬"无为"，不过，庄子毕竟更有个性。对于老庄的不同之处林语堂做了精辟的概括："老子微笑待人，庄子狂笑处世；老子教人，庄子嘲人；老子说给心听，庄子直指心灵。若说老子像惠特曼，有最宽大慷慨的胸怀，那么庄子就像梭罗，有个人主义、粗鲁、无情、急躁的一面。再以启蒙时期的人物作比，老子像那顺其自然的卢梭，庄子却似精明狡猾的伏尔泰。"老子慨叹"吾言甚易知，甚易行；天下莫能知，莫能行"，庄子却宣扬"思之无涯，言之滑稽，心灵无羁绊"。如果说老子思想的出发点还是入世的、积极的，那么庄子的思想才是彻底出世的、消极的。这种不同跟他们的性格差异有关，更是由两人生活的时代环境所决定的。后世虽然将老庄并称，但道家神秘奇幻的天真世界，与其说源自老子，不如说更多承袭于庄子。

庄子鼓缶而歌

人本主义的心理学家相信每个人天生都具有自我实现的倾向。根据马斯洛的需求层级理论，当一个人较低层次的需求（如安全感）获得基本满足之后，他便会转而尝试满足更高层次的需求（如自我价值的实现），他对生命的满意度也随之提高。而荣格则进一步用了"自性化"这个概念，表达了这样一种过程：一个人最终成为他自己，成为一种整合性的，不可分割的，但又不同于他人的发展过程。

整体人格的思想是荣格心理学的核心。人的精神或人格，尽管还有待于完善和发展，但它一开始就是一个整体，这种人格的组织原则是一个原型，荣格把它叫作自性。自性在集体无意识中是一个核心的原型，自性是统一、组织和秩序的原型，它把所有别的原型，以及这些原型在意识和情结中的显现都吸引到它的周围，使它们处于一种和谐稳定的状态。它把人格统一起来，给它以一种稳定感和"一体"（oneness）感。

荣格的"自性"观念与佛教的"自性"观念有相似之处。荣格认为，"自我实现"是片面的，人应当寻求"自性实现"，即心理完整性的实现。"自性"是人完善性的种子，是人们心灵深处埋藏的珍宝；"自性"与宇宙本质紧密相连，是人的完整性的发源地和目的地，因而具有神圣性。但是自性化的过程包含着与社会规范在某种程度上的对立，社会规范并不具有绝对的有效性。塞缪斯说："深入于内在世界及其奇异的意象，会产生趋于自恋的危险。需要考虑的另一种危险是，伴随着自性化过程将会出现各种各样的表现，包括反社会的行为，甚至是某种精神性的崩溃。……自性化是一种逆行运动。"当庄子沉迷于他天马行空的幻想世界，当他跟世人讲述他的蝴蝶梦、髑髅梦、大鹏蝼蚁以及那位"肌肤若冰雪，绰约若处子"不食人间烟火的藐姑射山神人，当他批评孔子嘲讽同乡，宁可抱守清贫也要拒绝高官厚禄，特立独行、惊世骇俗的背后是为了追求自我的完善与完整，也是为了警醒世人。荣格认为："自性化过程的目的是人格的完善与发展；自性化接受和包含与集体的关系，也即它不是在一种孤立状态中发生的。"（《心理类型》）

当后世的人们身处乱世或遭遇不公平的待遇，前途渺茫，事业发展受阻，心理发展受挫的时候，便会从庄子那里寻找精神的慰藉和情感的共鸣。魏晋玄学、竹林七贤、陶渊明、李白、李商隐、苏东坡、曹雪芹、蒲松龄等，这些著名流派、文人对庄子的学说和精神多有继承和发扬，他们在现实世界碰壁后，转而追求自我的成长与内心的完整。在中国两千多年的历史长河中，儒家文化居主导地位，过于注重个人的社会价值和集体意义，道家尤其是庄子对个体自我成长的关注，对个人内心丰富世界的探索，是一种文化的补偿，在某种程度上也是帮助中国人完善人格、整合人生，使个体生命完整的一种非常重要的方式。这是一种源自集体无意识的集体自性化的需求。

第二章　社稷天下：政治与梦

中华文化以儒家思想为主流文化，形成了一种以"仁"和"礼"为核心的张力结构，主张内圣而外王，通过个体的内在心性成就外王事功之学。尤其注重人与人之间的伦理关系，并将之运用到政治实践中，使其成为指导性的原则。经过上千年的沉淀，这也成为我国集体无意识中一种典型的文化情结，这在君王们的政治梦中有着非常突出的体现。无论是在他们平定天下的战争时期、治理国家的草创时期、达至鼎盛的辉煌时期，还是后期子孙守成或再现盛世的重要时刻，这类梦都十分常见。

第一节　一梦到华胥：文化无意识

一、黄帝的两个梦

在神农氏炎帝管理的后期，中原各部族互相攻伐，战乱频仍。黄帝趁机起兵，打败了很多部族，其余部族的首领也纷纷归附，于是形成炎帝、黄帝、蚩尤鼎足而立的局面。黄帝占据中原；炎帝处西方，大体在太行山以西；蚩尤是九黎君主，处于东方。炎帝与蚩尤争夺黄河下游地区，炎帝失败，逃到北方，向黄帝求救。黄帝与蚩尤三年打了九仗，都没有取胜。传说中，黄帝是在梦见西王母授符之后才最终打败蚩尤的。《艺文类聚》卷九九引《黄帝出军诀》云：

> 帝伐蚩尤，乃睡，梦西王母遣道人，披玄狐之裘，以符授之曰："太一在前，天一备后，河出符信，战即克矣。"黄帝寤，思其符，不能悉忆。以告风后、力牧。风后、力牧曰："此兵应也，战必自胜。"力牧与黄帝俱到盛水之侧，立坛，祭以太牢。有玄龟衔符从水中出，置坛中而去。黄帝再拜稽首，受符，视之，乃所梦得符也，广三寸，表一尺。于是黄帝备之以征，即日擒蚩尤。

大战之前"乃睡"，这是祈梦或求梦的一种仪式。梦中西王母派人授符就是所祈之梦的内容。"兵应"是说将有战争而神灵感应并示之以梦。"战必自胜"是风后和力牧对黄帝所做之梦进行解析后得出的结论。由于黄帝梦中之符仅是一种虚象，所以需要举行隆重的祭祀仪式以在现实中得到西王母所授之"符信"，于是黄帝按照梦中西王母的意旨备战部署，集结在涿鹿上与蚩尤决战，战斗十分激烈。在大将风后和力牧的协助下，黄帝最终擒杀了蚩尤，获得完胜，统一了中原各部落。数十年之后，他还做了一个被传颂千古的华胥梦。

轩辕氏黄帝

华胥国是传说中的理想国度。华胥氏是此国的女首领，"其治国有方，民无嗜欲，自然而已，是为盛世乐土"。华胥国最早出现在黄帝的一个梦中。"黄帝梦游华胥之国，而后天下大治"的典故即由此而来。

（黄帝）昼寝而梦，游于华胥氏之国。华胥氏之国在弇州之西，台州之北，不知斯（离）齐国几千万里。盖非舟车足力之所及，神游而已。其国无帅长，自然而已。其民无嗜欲，自然而已。不知乐生，不知恶死，故无夭殇；不知亲己，不知疏物，故无爱憎；不知背逆，不知向顺，故无利害。都无所爱惜，都无所畏忌。入水不溺，入火不热。斫挞无伤痛，指擿无痟痒。乘空如履实，寝虚若处床。云雾不硋其视，雷霆不乱其听，美恶不滑其心，山谷不踬其步，神行而已。

黄帝既寤，怡然自得，召天老、力牧、太山稽，告之，曰："朕闲居三月，斋心服形，思有以养身治物之道，弗获其术。疲而睡，所梦若此。今知至道不可以情求矣。朕知之矣！朕得之矣！而不能以告若矣。"又二十有八年，天下大治，几若华胥氏之国，而帝登假，百姓号之，二百余年不辍。（《列子·黄帝》）

文中故事的背景大致是这样的：黄帝打败蚩尤以后即位，前面十五年尽情享受，后面十五年开始担忧天下会不安定，所以就勤于政事，竭尽自己的聪明才智，想要建立比较好的政治制度，让老百姓能够安居乐业、生活幸福。在他即位三十多年的时候，因思虑天下大治之事，三个月无心过问国事。忽然有一次黄帝大白天梦游到华胥国，见其国上无君臣之别，下无贵贱贤愚之分，人民无所嗜好，既不恋生也不畏死；既无亲疏向背之隔，也无爱憎利害之心，是一个没有人间利害得失的奇妙极乐世界。黄帝从这个梦中受到了很大启发，一觉醒来心情愉快，召集手下的大臣，说："我花了三个月的时间专心养神养身，希望能学到保养身体、应付外物之道，最后却无所获，今天竟然梦到了这样的事情！如今我才知道，这道不是想求就能求得的。我终于知道什么是道了！我得道了，但无法告诉你们其中的奥妙。"之后，黄帝便用这个方法治理国家。二十八年之后，天下大治，几乎和华胥国完全一样了。在他死后，这种局面仍然延续了两百多年。

二、华胥国及其原型意义

列子是道家的代表人物，是老庄的继承人，他在文中让黄帝领悟的安身治国之"道"，其实就是道家之道——自然无为。这个故事体现的是道家的治国思想，即老子在《道德经》中阐述的"无为无不为"的治国理念，具体为在治国的原则上，要求统治者顺应自然而不妄为，把"无为"与"无不为"结合起来；在治国的方式上，要求统治者丢弃私欲、顺应民意，达到无为之治；在治国的具体操作中，要求统治者从小处做起，一点一滴积累，抓好关键细节。由于列子的这段描述和黄帝在历史上的崇高地位，后世便将黄老并称，被共同视为道家的创始人物。

这个故事大概是列子为了证明自己的治国理念杜撰出来的，但无论如何，黄帝被塑造成了中国历史上的第一位德高望重、才华卓越的明君。而对明君贤臣的崇拜和向往，在中国古代是一个极其普遍的社会现象，不但是很多君王和大臣们自身的追求或标榜的目标，也是一般士子、平民渴望的盛世象征，更是在很多史书中被史官们浓墨重彩渲染和书写的对象。比如最早的史书《尚书》，主要记录了原始社会末期和夏、商、周一些帝王的言行，倡导敬德、重民的天命观。《尚书》中的圣王贤臣数量众多，形象丰满，如尧、舜、禹、汤、武丁、文王、武王以及微子、箕子、周公、召公等。他们都具有一个明显的特质——道德高尚、深谋远虑、智慧超群却不以勇力而闻名。从本质上讲，《尚书》中的圣王形象与贤臣形象都是"王道"理想的产物，他们是仁义、道德的化身，是实行"王道"的领导者。

《尚书》相传为孔子整理、选编，他的目的包括：一阐明仁君治民之道，二总结贤臣事君之道，"记古贤臣事君之道，以使后世取法"。孔子的政治思想和治国之道具体包括三个互相联结、互相渗透、互相支撑的要点："天下归仁""为政以德""齐之以礼"。"天下归仁"是孔子思想的核心，指在天下建立仁政统治，实现社会的有序、稳定、和谐；"为政以德"即认为德治是治理天下国家的具体方案和方法；"齐之以礼"即以礼作为约束人们行为的基本规范。孔子的这一套仁政、德治、礼范的治国之道在汉代被确定为官学，之后又受到历代王朝统治者的推崇。一些史官如司马迁、司马光等也都通过编纂史书提出了自己的治国思想和仁君贤臣的理想。众多文人更是通过诗词、小说等文学作品，表达了赞美和向往之情。而黄帝梦中的华胥国，百姓听任自然，甚为自得，人们便用"华胥梦、梦华胥、华胥路、华胥境、华胥国、华胥事、华胥、梦华"等指代梦境、仙境，或指无所管束、安乐和平的理想之境。

我们可以从文化无意识的层面对这类现象进行解释。荣格派学者认为，人类的心灵结构拥有三层无意识：表层是个人无意识，中间是文化无意识，最深层是集体无意识。文化无意识作为个人无意识与集体无意识之间的中介层，较难为我们的意识所捕获，因为它是一种潜在的功能，需要一定的教育经验的刺激，才能够被激活和唤醒。汉德森（Henderson）认为："大多数被称为'个人无意识'的内容根本不是个人的，而是集体的文化模式的一部分，通过我们的环境传递，在我们的意识自我能够肯定其正确性之前，就已经传递。"无意识的文化层面来自"由荣格所说的历史遗留物表征"，但"这些遗留物如果没有某些有意义的原创性的来自环境的刺激，是永远不能被激活的"。汉德森将文化无意识界定为："一个历史的记忆区域，位于集体无意识和文化的表现模式之间。它可能包括这两种模态——意识和无意识，但它有着由集体无意识的原型引发的某种认同，有助于神话和仪式的形成，同时又促进了个体的发展过程。"

文化无意识主要由文化情结和文化原型构成。其中，文化无意识中的原型内容则包括"文化人格面具""文化阴影""文化阿尼玛/阿尼姆斯""文化自性"等。我们将尝试用这些内容对与政治有关的梦进行解读。

前面我们谈到了自性，它是原型的渴望，想要整理并调和因对立而导致的紧张。在每一个人的心灵中心，有一个意象，完美的平衡、完美的整体感，朝向这种完美，心灵的生命自然地成长。它是一个和谐统一的整体，意识自我只是其中的基本部分，其他的由无意识构成。自性所起的作用是把心灵中的各个系统容纳在一起，并使它保持平衡，其目标是"和谐"。这一"和谐"并不是固定的，而是动态的；心灵系统通过变得更为平衡、相互关联和整合，而达到和谐。

在我们文化心灵的中心，也有这样达到完美的平衡和完美的整体感的意象，如"阴阳"太极图，是荣格分析心理学经常采用的自性象征。在《诗经》中，我们也可以找到这样的平衡和整体感的自性意象："南有樛木，葛藟累之；乐只君子，福履绥之。"天空、阳光、茁壮生长的樛木、茂密的葛藟缠绕在樛木上共享阳光的滋养、快乐的君子、装载幸福感受的容器"履"，呈现的是大自然与人类"天人合一"的和谐与统一。

如同蝴蝶梦是中国人个体"变形"走向自性化的象征，华胥梦成了中国人集体"变形"——政治上的自性化和进入理想国的象征。这种从上到下对集体性的追求和向往正是中国古代社会特有的文化无意识。汉德森指出，在一个没有接受过教育和训练、完全没有文化的人身上，我们无法发现任何来自文化无意识这一层面的有意义的创造物。文化无意识通过来自环境（如家庭、教育和时代精神）特定的有力影响而反映出来，并得以唤醒和激活。在中国，从上古时期如《山海经》中记载的女娲、伏羲、黄帝等神话和历史人物，到《尚书》中所记载夏、商、周的帝王臣子，到春秋战国诸子百家对稳定政局、治理国家的探讨，再到两汉直至后来儒家、道家和法家等在国家统治中各自占据一席之地，这种文化思想和政治传统，已经通过制度、书籍、教育和人们的口耳相传，渗入王族、贵族、士族和一般平民的骨子里，成为整个社会的文化无意识。即使是一些残忍失德的暴君和昏聩无能的庸君也都要标榜自己的英明与贤能，自比尧舜。

黄帝通过战争征服了其他的部落和族群，奠定了中华民族在形式上大一统的基础。接下来如何治理这么大的一个国家，如何让来自不同地域、风俗习惯千差万别的臣民们能够从心理上臣服于他，并安居乐业、共享太平，这些都是他在平定天下之后的数十年思考和探索的问题。华胥梦正是这种长期探索的产物，即使这个梦是杜撰的，作为具有象征意义的意象，却是他当时苦苦求索治国之道后顿悟的体现。黄帝不仅是统一中国的大英雄，更是尝试怎样更好地适应社会发展的不同阶段、探索治国方略的智者，在他身上同时具有英雄原型和智者原型。古代帝王都渴望文治武功，背后的心理动力是这两种原型的作用。它们共同促成了帝王自性化，或者一个民族政治方面自性化的完成。

第二节　花落谁家：权力情结与王权之梦

一、五彩缤纷的王位梦兆

一个新的政权的建立大多要经历许多血雨腥风，无数将领和士兵战死沙场，众多官员因改朝换代被诛杀或革职，而普通百姓更是流离失所、卖儿鬻女。但如果新王和新政府能结束长期的战乱，带来和平，或改变旧王朝的贪污腐败、暴虐无道，为天下苍生带来福祉，人们对其仍然是憧憬和欢迎的。如前文我们谈到的黄帝统一华夏部落，征服东夷、九黎族，虽然战乱多年，但他最后让百姓过上了如同华胥国一般较为理想的生活。还有一个比较典型的例子是文王、武王父子和周王朝的建立。

商朝末期，纣王残酷暴虐、荒淫无度、刚愎自用，逼死很多贤臣良将，弄得人心惶惶、民怨沸腾，以至于很多人都投奔到当时口碑比较好的西伯侯姬昌的麾下。但西伯侯姬昌直接称王则名不正言不顺，怎么办呢？据《帝王世纪》记载，文王做了一个"日月着其身"的梦。日月是帝王的象征，这显然是说文王受命于天。既然是天命，那他就可以光明正大地登上王位与纣王争夺天下了。《逸周书·程寤解》上还记载了一则他的王后太姒的梦：

太姒（武王的母亲）梦商之庭产棘，太子发（武王）取周庭之梓，树之于阙间，梓化为松、柏、棫、柞。寐觉以告文王，文王乃与太子发占于明堂，王及太子发并拜吉梦，受商之大命于皇天上帝。

依照文中的说法，棘是灌木，在这个梦里代表殷商。梓是乔木，代表周人。梓在棘间化为松、柏、棫、柞之类的大树，这个梦的意思很清楚，就是让人们以为是皇天上帝把"商之大命"给予周人的。到了武王伐纣的时候，姬发又做了一个梦。《尚书·

泰誓》记载，武王伐纣，盟誓曰："朕梦协朕卜，袭于休祥、戎商，必克。"武王做了何梦？《墨子·非攻下》有详细记载："武王践祚，梦见三神曰：'予既沉渍殷纣于酒德矣，谷攻之，予必使汝大戡之。'武王乃攻。"武王梦见三神告诉他：我一定要让你去讨伐殷纣。梦象如此，武王认为这就是三神给他的命令，他果然出兵去讨伐殷纣，这就是"三神托梦周武王伐纣"的典故。

王者之梦兆，自黄帝开始，到周文王、周武王，以及后面的历朝历代，从来没有间断过。这种帝王梦的背后是一种文化情结，具体来说是一种权力情结。荣格认为，情结是一组高度汇聚情感能量的观念和意象，围绕一个原型的核心聚集。而在群体的心理当中，以及在个体心灵的群体层级上，存在另一个情结水平，这些群体的情结即为"文化情结"。文化情结是一个全世界范围内的心理现实，是心灵结构不可或缺的部分。权力情结便是文化情结的一种。人们对权力尤其是王权的渴望，古今中外都是一样的。但在中国古代，这种权力情结突出地表现为各种五花八门的帝王梦。为了让天下臣民信服，新王喜欢以"天子"自居，但怎么能让别人相信呢？他们就借助梦来证明自己身份的高贵和继承大统的合法性，突出自己"受命于天"的神圣性。由于梦的私密性很高，除了做梦者本人，谁也不知道梦的具体内容，就只能由着这些帝王自说自话，再由善于察言观色的臣子们添油加醋，为其制造舆论支持。

文化情结是个体和群体深层特有的信念和情绪的表达，以表征、意象、情感、模式和惯例为特点。"日""月""龙""凤""神灵"等是中国古代帝王梦兆中最常出现的意象，它们象征着天命和王权。不排除确实有这类梦，但很多梦象仍然是人为杜撰出来的。这种人造王者之兆的梦的活动，是中国古代特有的权力情结的一种活动方式。通过这些活动，新王以及他的新政权具备了属于王者和贵族这个特定群体的归属感，通过虚构的合法性迫使社会认同他们的身份。

王者之兆的梦简直是五花八门、五彩缤纷。据《左传》记载，景公死后，景公之子得和启两人争夺王位。得梦见启头向北，躺在卢门外边，而自己却变成一只乌鸦站在启的身上，嘴放在南门上，尾放在桐门上。得认为，他的这个梦非常好，象征着他将成功地继承王位。后来他真的被立为君王了。中国古代的解梦理论认为："头向北躺着，代表死；躺在门外，代表失去国家。"所以启会失败。而得面对南方，符合"坐北朝南者为王"的说法，而且控制着各个城门，自然会成功。

在《搜神记》中，干宝以史家之理念叙写怪异之事，必然要在故事中渗入浓厚的政治理念。圣主贤臣之间的相知遇合，往往要借助梦境的启示；世道的盛衰兴败，要借由梦境来暗示；奸雄的谋权篡位，更加需要利用梦境来加以粉饰。

两汉时期谶纬尤盛。《搜神记》卷八《孔子夜梦》：

鲁哀公十四年，孔子夜梦三槐之间，丰、沛之邦，有赤氤气

起，乃呼颜回、子夏同往观之。驱车到楚西北范氏街，见刍儿打
鳞，伤其左前足，束薪而覆之。孔子曰："儿来！汝姓为谁？"儿
曰："吾姓为赤松，名时乔，字受纪。"孔子曰："汝岂有所见
乎？"儿曰："吾所见一禽，如麕，羊头，头上有角，其末有肉。
方以是西走。"孔子曰："天下已有主也，为赤刘，陈、项为辅。
五星入井，从岁星。"儿发薪下鳞，示孔子。孔子趋而往。鳞向
孔子，蒙其耳，吐三卷图，广三寸，长八寸，每卷二十四字。其
言："赤刘当起日周亡。赤气起，火耀兴，玄丘制命，帝卯金。"

《孔子夜梦》中似獐的麒麟①

---

① 干宝撰，何意华、汪有源、曾令先译注：《搜神记》，重庆：重庆出版社
2008 年版。

　　文中说赤刘为主、陈项为辅的依据是孔子"夜梦三槐之间，丰、沛之邦，有赤氤气起"，显然是借孔子之梦来神化刘邦。把孔老夫子都搬出来了，反对者还有什么好说的？以梦为谶虽然是汉代谶纬学家为新政权制造舆论的普遍方式，但也能反映出当时人们倾向归属刘邦的普遍意向。

　　汉立国借助谶纬宣传造势，效果颇佳，王莽上位自然也不会舍弃这种方式。《搜神记》卷五《王莽居摄》：

　　刘京上言："齐郡临淄县亭长辛当，数梦人谓曰：'吾，天使也。摄皇帝当为真。即不信我，此亭中当有新井出。'"亭长起视，亭中果有新井，入地百尺。

　　西汉后期社会危机深重，政治动荡。初始元年（8年）十二月，早已大权在握的王莽逼迫姑母王政君交出传国玉玺，接受孺子婴禅让后称帝，即新始祖，改国号为"新"，改长安为常安，称"始建国元年"，开中国历史上通过符命和禅让做皇帝之先河。造谶者显然是利用当时整个社会人心思变的形势，把梦作为粉饰权臣篡位的工具。

　　下面两个梦从表面上看完全与帝位无关，但解梦者独具慧眼，从中看出了做梦者将来会荣登大典。《独异志》中记载，隋文帝杨坚在没有登基做皇帝时，曾经乘船而行，夜泊江中，梦见自己失去了左手，醒后甚感忌讳。上岸后，在一草庵中见一老僧，道行极高，就请他圆梦。听隋文帝说完，老僧急起祝贺，说："无左手者，独拳（权）也，当为天子。"杨坚后来做了隋文帝，在草庵处建了一座吉祥寺，以纪念其梦之吉。隋文帝的梦应了占梦家陈士元"吉人有凶梦，虽凶亦吉"这句话。唐朝开国皇帝李渊在将要起兵反隋时曾做过一个梦，梦见自己掉到床下，被蛆吃。他认为这是表示自己要死的预兆，所以不敢起兵。幕僚中一个占梦术士解释："落在床下，意思是'陛下'，蛆者趋也，被蛆吃表示众人要依附于你，这个梦表示你要当皇帝了。"李渊听了这话，放心地起了兵，后来他推翻了隋朝，自己当了皇帝。这两个梦中，解梦的僧人将"独拳"解释为"独权"、术士将"蛆"解读为"趋"，都是从谐音双关的角度迎合了杨坚和李渊二人的权力欲望，以梦预言的方式为他们起兵造反、争夺天下提供了心理支持。

还有一个故事是关于女皇武则天的。武则天建立了丰功伟业，破天荒地当了女皇，开创了自己的王朝，稳稳坐了十四年皇座。这在绝对男权的封建社会中，真是不可想象。然而，就是这样一位女皇，在立嗣问题上却始终处于两难境地。尤其在其统治后期，由于长期排挤、迫害唐王室，激起民愤。武则天企图立庐陵王李显为太子来消除政治危机，就用说梦来探问狄仁杰的意思。她说自己梦见一只鹦鹉，"羽毛甚伟而翅俱折"。狄仁杰占曰："鹉者，陛下姓也；两翅折者，陛下二子庐陵、相王也。陛下起此二子，两翅全也。"这个梦暗示了武则天在立嗣问题上的困境和出路，狄仁杰洞悉了她内心的真实想法。因此，这一说一占，双方都心领神会，武则天也从而漂亮地在政治上做了一个回旋。

二、黯然失色的亡国梦

有梦兆预言得到帝位的，就有梦兆预示失势，甚至亡国的。《越绝书》中说，吴王夫差灭越国后骄奢淫逸，不可一世，一天夜里梦见三只黑狗冲南北嗥叫，炊具中没有烟气冒出。醒后他召集群臣解梦，群臣皆不知其意。夫差令人召公孙圣解梦。公孙圣闻召即与妻子诀别，说："吴王因为噩梦召见我，我不能不说真话，但说真话就会被杀死。"公孙圣听夫差讲完梦，叹口气说："狗吠是因为宗庙无主，炊具无烟是因为没什么可吃，这都是亡国之兆。"夫差大怒，立刻斩了公孙圣。后来越军压境，吴国覆灭在即，夫差才感悟公孙圣冒死解梦的忠心，但为时已晚。夫差最后落得个拔剑自刎的可悲下场。夫差在四处征伐和纵欲享乐的同时内心深处大概也是有危机感的，这种隐忧在梦境中呈现了出来，只是他不肯面对这部分阴影，导致了他最终的失败。

关于司马氏取代曹魏政权的故事有很多，其中有一个很有名的梦兆故事。《晋书》说，曹操曾梦见"三马共食一槽"，槽与曹同音，预示着司马氏将篡夺曹氏权柄。曹操心存疑虑，非常担心司马氏父子会抢夺曹氏天下，常常告诫儿子曹丕："司马懿不是一个甘为人下的人，将来必定夺你的天下。"意欲除掉他，不给子孙留下后患。但曹丕与司马懿私交甚好，早已离不开他了，不仅不听父亲的劝告，还多方面加以袒护，使司马懿免于一死。

司马懿敏锐地觉察到曹操对他的猜忌，于是马上采取对策，表现出对权势与地位无动于衷，完全一副胸无大志、目光短浅、专注于琐碎事务和眼前利益的样子。曹操这才安下心来，消除了对司马懿的怀疑和警惕，以至于被这位年轻人放的烟幕所迷惑。曹操死后，司马懿日益受到重用，他精心设计除去曹爽，从此大开杀戒，使司马家牢牢地掌握政权。司马懿在四年后死去，其子司马师、司马昭相继执政。他们同父亲一样，谦虚恭谨、心狠手辣，先后废掉并杀死曹家三个皇帝，杀了一批又一批的反对派。到司马昭之子司马炎（晋武帝）手里，就完成了朝代的更替。

曹氏政权原本就是取代汉室而建立的，曹操苦心经营多年并经历过各种激烈的权力斗争，对来之不易的王权具有很深的焦虑，患上了权力丧失焦虑症，即产生了权力情结。权力情结者越怕丧权越要集权，却最终导致被夺权，这是一种自我预言的实现。

人格面具是人格的外在表层，它是人们每天或在不同情境下，都会戴上的角色面具。正是通过这一面具，个体才能在各种社会情境中根据社会界定的角色来做出反应，而这种反应通常是恰当的，且前后相一致。文化人格面具是由一组民族的共同文化所褒扬的特质组成，它植根于文化无意识，包括两个方面的含义：从个体心灵结构的角度来看，它是指个体心灵的群体层次中的人格面具；从文化心灵的角度来看，它是指文化心灵无意识层次中的人格面具。人格面具最重要的功能是适应社会，调节人际关系，它反映了社会接纳和欢迎的部分。每一种文化都有其独特的为多数人共享的人格面具。在中国文化当中，赞美/歌颂者、祝福者、好客者等人格面具具有极为广泛的适应功能。人格面具具有适应性功能，但过分认同人格面具也是危险的。赞美过度就变成了阿谀奉承，历代帝王身边都会有一些这样的臣子。如司马氏父子伪装得非常到位，在皇帝面前谦虚恭谨，投其所好，貌似忠贞不贰、胸无大志。这是作为一个臣子最好的人格面具。

　　如果说人格面具代表社会期待、接纳和欢迎的层面，阴影则包含社会拒绝、憎恨或忽视的内容，通常被投射到他人身上。在分析心理学领域，人格面具和阴影是经典的对立两极。我国文化经典《诗经》所描述的不被人们接受的人格特征，就可以勾画出我们的"文化阴影"的一些内容。老鼠在中国文化中是阴影的象征，如《相鼠》一诗，描述的是对无仪、无礼和无耻者的痛恨："不死何为？"在《硕鼠》一诗中，老鼠成为不劳而获者这一阴影的象征："硕鼠硕鼠，无食我黍！"同样，臣子觊觎王位也是不被主流价值认可的，是政治层面的阴影。司马氏恭敬顺从的背后是祖孙几代人对权力的渴望。当权力积累到一定的程度，时机成熟，他们就可以不再掩饰自己对皇权的欲望，废帝自立。阴影有一个突出的特点，当人们不再否定、排斥和压抑，开始接纳它的时候，它就会被整合到人格中而消失。因此，这一组阴影和与此相对应的人格面具在即位的司马炎的身上就不复存在了。

第三节　应梦贤臣：圣君良臣情结

黄帝能够统一中原各部落并治理好整个国家，是因为他找到并善用一批能臣良将。据《史记·五帝本纪》记载：

> 举风后、力牧、常先、大鸿以治民。顺天地之记，幽明之占，死生之说，存亡之难。时播百谷草木，淳化鸟兽虫蛾，旁罗日月星辰水波土石金玉。劳动心力耳目，节用水火财物。

风后和力牧是传说中黄帝因做梦而得到的两位名臣。风后后来成了他的丞相，发明了指南车，他在战场上布下的阵法天下无双，他的"风后八阵兵法图"对我国古代的军事史、古代军论的形成和发展都有重大的学术意义和价值。据说力牧力大无比，善于牧羊及治理国家。常先也很有智慧，他发明了很多狩猎工具，还制造出了大鼓。大鸿也是当时著名的军事家，经常帮黄帝训练军队。据《汉书·艺文志》记载，他曾经著有《鬼容区兵法》三篇。黄帝受到华胥梦的启发，顺应万物自然生长的规律，又在众多德才兼备的大臣的辅佐下开创了中国历史上第一个盛世。

几乎所有的君王都渴望得到贤能之士的辅佐，所有想建功立业的文人武士都盼望遇到能够赏识自己的君王。最佳状态是君臣之间能够互相信任，相辅相成，共创伟业。圣君良臣情结就成了中国古代社会特有的文化现象。这种情结的背后是君臣各自自我价值（包括精神和物质层面）实现的需求。纵观历史长河，明君主政的时代必多贤臣，贤臣云集的时代必出明君。皇帝励精图治，臣子辅助皇上，创造了君臣和谐的双赢局面，迎来了一个个开明盛世。他们之间的故事也被载入史册、写进小说并流传于民间，成为经典佳话。下面，我们再通过几个君王的梦和随后出现的"应梦贤臣"，谈谈历史上比较有名的几对明君贤臣的故事。

一、商王武丁梦傅说

第一个是商朝君主武丁梦到名相傅说的故事。

殷商后期由于武丁的前两代商王小辛和小乙统治无方，商王朝的统治一度衰微。据说，武丁即位后，为国运担忧，他很想让商王朝强盛起来，却苦于没有优秀臣子的辅佐。于是，在三年守丧期间，一切政务都交由大臣决定，而武丁本人则暗暗观察国家的风气，走访民间的能人异士。在这样的心理背景下，一次他梦到上帝赐予他一位名臣傅说。于是武丁醒后根据梦中记忆，画出傅说相貌，叫属下到全国访寻，最后在一个叫作"傅岩"的偏僻山村里找到了傅说，即拜之为相。武丁在傅说的辅佐下，终于成为中兴名君，史称"高宗"。

在商代前期，其统治状况有起有落，其都城位置也历经多次迁移。据载，在盘庚之前，国家凡"五盛五衰"，都城凡"六迁"。到了盘庚即位时，才把都城迁到殷（古称"北蒙"）。盘庚迁殷避开了水患和宗室内部斗争的混乱局面，稳定了商朝中央的统治，为以后的商朝中兴奠定了基础。这使得殷商这个奴隶制国家，摆脱了困难的处境，并且得到了进一步的发展。生产力、生产技术、制作工艺都取得了相当成就。

武丁少年时，父王小乙便让他与普通民众们一起劳作。这样，武丁不仅锻炼了自己，还访得了一批人才为己所用。隐士甘盘，尊之为师；囚犯傅说，举以为相。武丁就在上述两位人才，还有祖己等大臣的辅佐下，开创了"天下咸欢，商道复兴"的大局面。

根据许多古籍的记载，殷高宗梦傅说的故事流传很广。《尚书·说命上》云："（高宗）梦帝赉予良弼，其代予言。乃审厥象，俾以形旁，求于天下。"《国语·楚语上》亦云："昔殷武丁能耸其德，至于神明，……如是而又梦，使以象梦（梦象），旁求于四方之贤，得傅说以来升以为公……"

《史记·殷本纪》和《帝王世纪》等书也有类似记载，基本情节相同。这个故事和卜辞不同的地方在于，它强调高宗德行高尚，感动了神明、感动了上帝，所以神灵给他托梦。在今天看来，此梦很可能是武丁为了破格用人而杜撰的故事。明代杨慎曾说过："武丁尝通于荒野而后即位，彼在民间已知说之贤矣，一旦欲举之而加之子臣民之上，未必帖然以听也。故征之于梦焉，是圣人之神道设教也。"

傅说果然没有辜负武丁的苦心和重用，他是个很有远见的政治家，关于他的功业和言行，在《尚书·说命》中有很详细的记载。做了丞相之后，他勉励武丁要"不惟逸豫"，就是不要自我放纵，要建立政府的是非标准。他说："惟木从绳则正，后从谏则圣。"君主要谦虚，不可"矜其能丧厥功"，不能"耻过作非"，意思是君主要替国家制定判断的行为准则，多听从不同的意见，做好事不能自夸，也不要文过饰非。他期勉武丁，"非知之艰，行之惟艰"，即做比知更重要。他期望商王重视贤人，使政府内部能沟通意见，成为一个有效的团队。武丁自己也说，"股肱惟人，良臣惟圣"，手足完备才是成人，良臣具备才有圣君。傅说还希望自己的君主凡事要有全面性的思考和远见。他说"惟事事，乃其有备，有备无患"。一个"有备无患"的政府才能凡事洞察先机。"有备无患"乃是政府的最高标准，这乃是他留给后人的最大名言。

台湾作家南方朔认为，傅说几乎是中国第一个对"亲信政治"做出深刻反省的思想政治人物。傅说表示："惟治乱在庶官，官不及私昵，惟其能；爵罔及恶德，惟其贤。"他又说"无启宠纳侮，无耻过作非"。他的上述几句话，其实已对现代的"亲信政治"之弊做了最深刻的观察及分析。汉字"昵"的本意是亲近、亲信，"私昵"即"宠爱的亲信"。但政府的官员和亲信是两回事。办事的政府官员讲究的是"能"，政府的荣誉职衔如封爵、封侯则讲究贤良有名声，而亲信只有"亲"，却无"能"与"贤"。若政府用人封爵只用"亲信"，必然无能无德，"亲信政治"必定被人民看不起，受人指责，自招侮辱，就是"纳侮"；由于"亲信"是统治者的自己人，他们做了坏事，统治者必然会曲意偏袒，帮忙文过饰非，坏了整个官场的纪律，最后会使得整个政府信誉破产，官场的反淘汰因而形成，于是贤能退位，必然国事日非。

傅说是 3 000 年前的古人，但根据《尚书》的记载，我们可以看出，他的政治见解实在非常吻合现代的政府管理理念。商王武丁找他为相，希望他能帮助自己，组建一支"惟暨乃僚，罔不同心，以匡乃辟"的有效政府团队，以实现"武丁中兴"。

傅说

　　武丁中兴又称"武丁盛世"。武丁执政的后期，殷商国势达到鼎盛。武丁在位共五十余年，他日夜操劳，希望复兴国家，苦于未得忠良之佐，后来在傅说等人的辅佐下，国势强盛，政治清明，百姓富庶。商王武丁唯才是举，衣食朴素，使商朝达到了最鼎盛的时期。

　　武丁在位时期，灭刿方，亡土方，平西羌，定荆襄，扩疆数千里。首先，他通过赏赐功臣、与氏族和方国联姻等方式稳定大局，又通过战争大面积开疆拓土。武丁在位期间，不断向南面的虎方、东面的夷方、北面的鬼方（匈奴）以及羌方、周族等进行大规模征伐。作战动员的兵力，有时三千，有时甚至达五千；对鬼方用兵三年最终攻克。武丁向四方连年用兵，征服了周围的许多小方国。这些征伐战争极大地拓展了商的疆域，北到河套、南达江淮、西抵周境、东至山东半岛东北部，都在他的战车之下。这为王朝形成"邦畿千里，维民所止，肇域彼四海"的广大疆域，奠定了基础。这在当时算得上是一个疆域广大的世界强国和超级帝国。

　　武丁是一个出色的统帅，常亲自带兵作战。据《殷墟卜辞》记载，武丁的配偶妇好也亲自率兵征伐羌方。作为武丁的妃子，妇好并没有待在豪华的王宫里享受锦衣玉食，而是经常率兵东征西讨、南征北战。但武丁的大征服更离不开能征善战的将领。他手下将星璀璨，比较出名的有禽、望乘、雀、亘等人。同时，武丁征伐成功后，也任用方国的首领为将，比如武丁早年征伐西北的沚国（沚方），征伐成功后，清除叛商势力，任命沚国首领为将领，沚国也成为商王朝西北的重要支柱。

总体而言，武丁统治时期，在丞相傅说和其他几位大臣的辅佐下，对内大治，对外征伐，商王朝的势力扩大到长江以南的地区。武丁开创的盛世，一般被认为维持到他的儿子祖甲时。其间，太子祖庚（兄）当王，享了10年左右的清福，幼子祖甲（弟）继之，在位33年，国家持续强盛，民众安居乐业，对外征伐较少。总体而言，武丁至祖甲，大约百年，是商代的黄金岁月，文治武功都达至巅峰，几乎可以称得上华夏有史记载的第一个大盛世。

武丁君臣通过几十年的文治武功，使得国家大治，经济发展，百姓生活安定，四方诸侯宾服，出现了繁盛的局面。在这个过程中，武丁本人具备了能够成为一代圣君的素养。他幼时在民间生活过，了解底层奴隶的生活状况，也结识了一批散居民间的贤人能士，如傅说等。登上王位后，对内，他能虚怀若谷，傅说对于亲信政治的反思和劝荐，以及甘盘等文臣武将的众多建议，如果得不到他的支持和执行，也发挥不了作用。对外，他能因地制宜，善用当地方国首领，确保了对征服地区的统治，获得了更广泛的地域支持。

二、文王夜梦"天赐姜太公"

在周人灭殷的过程中，姜太公起到了极其重要的作用。正像武丁梦得傅说一样，关于姜太公也有很多梦的传说。据纬书《尚书中候》说，太公未遇文王时，曾钓鱼于磻溪，夜梦北斗辅星告知以"伐纣之意"。这么说来，姜太公就应该是天神派遣的辅臣了。《庄子·田子方》中也谈到，文王梦见一位"良人"告诉他："（文王）寓政于臧丈人，庶几民有瘳乎！"这位"良人"不同凡俗，当属神人；"臧丈人"即在臧地钓鱼的渔夫，实指姜太公。晋刻《太公吕望表》说得更神乎：

文王梦天帝服玄襀以立于令狐之津。帝曰："昌（文王名），赐汝望（太公吕望）。"文王再拜稽首，太公于后亦再拜稽首。

天帝任命，文王和姜子牙接受并谢恩，此梦简直像是在举行授任大典。《搜神记》卷四《灌坛令太公望》，谈到周文王拜太公望为大司马，是受泰山之女梦中的启示：

文王以太公望为灌坛令。期年，风不鸣条。文王梦一妇人，甚丽，当道而哭。问其故。曰："吾泰山之女，嫁为东海妇。欲归，今为灌坛令当道，有德，废我行；我行，必有大风疾雨，大风疾雨，是毁其德也。"文王觉，召太公问之。是日，果有疾雨暴风，从太公邑外而过。文王乃拜太公为大司马。

泰山之女应该是神女，嫁为东海妇应该就是龙王的妻子。太公初为灌坛令，为政清肃，连神女都不敢轻易经过其地。周文王梦见神女向他哭诉此事，于是起用太公。这个梦当然也可能为后人虚构，但用梦来神化周初这位名臣，当时完全是可能的。这种以梦充当选贤举能媒介的叙事方法，在古代明君贤臣类故事中十分常见。

周文王姬昌

姬昌（前1152—前1056年），是周太王之孙，季历之子，又称西伯昌，周朝奠基者。西伯昌四十二年，姬昌称王，史称周文王，在位50年，是中国历史上的一代明君。前1046年，其子周武王姬发灭商建周，追尊姬昌为文王。690年，武则天称制时自称武家为姬昌后代，追尊周文王为始祖文皇帝。

季历之前，商和周一直关系较好，但周部族的迅速发展，引起了商的警觉，季历被商王杀死。刚刚继承西伯侯之位的姬昌年轻气盛，为报杀父之仇，出兵伐商。兵败之后，与商议和，为周部族的发展争取了一个比较好的外部环境。同时，他采取了一系列富国强兵、壮大自己的措施。在外交上，采取多项措施结好商，并利用其势力影响来发展周的实力。一方面，恭顺事商，加强双方的臣属关系。另一方面，积极与商联姻，史载其亲迎于渭水之上，与商确定了甥舅关系，加深了双方的感情。同时，借商的威望与影响和自己与商的亲属关系，利用西伯专征伐之便，剪除异己，建立反商联盟，逐渐丰满羽翼。

在内政方面，针对商纣的残暴统治，有针对性地采取了一系列笼络人心的政治措施，对商构成强大的政治攻势，取得了很好的效果。

首先，休养生息，振兴经济。文王一反纣王所为，实行"裕民富国"的国策，提倡"怀保小民"，大力发展农业生产，采用"九一而助"的政策，即划分田地，让农民助耕公田，纳九分之一的税。商人往来不收关税，有人犯罪妻子不连坐等。实行封建制度初期的政治，即裕民政治，就是征收租税有节制，让农民有所积蓄，以刺激劳动兴趣。姬昌本人则生活勤俭，穿普通人的衣服，还到田间劳动，兢兢业业治理周国。在这些措施的刺激和姬昌本人身先士卒的影响下，周国的社会经济得到了恢复和发展。

其次，废除酷刑，收揽民心。商纣王发明了炮烙酷刑，也就是命犯人走在涂满油的铜柱上，一滑倒就会跌落到火坑里，顿时皮焦肉烂，死于非命。纣王的宠妃妲己见此惨状却笑个不停，所以纣王就一直强逼犯人这样做，以博得妲己一笑。姬昌非常气愤，诸侯和人民无不恨得咬牙切齿。姬昌向纣王表示愿意献上周国洛河西岸的一块土地，以此换取废除炮烙之刑。纣王答应了姬昌的要求，废除了炮烙之刑，姬昌得到了天下百姓的爱戴。《吕氏春秋·顺民》有详细记载："……命文王为西伯，赐之千里之地。文王再拜稽首而辞曰：'为民请去炮烙之刑。'"并点评："文王非恶千里之地，以为民请炮烙之刑，必欲得民心也。"

最后，施行德政，广纳天下人才。周文王的善施仁德也是天下闻名。在治岐期间，姬昌对内奉行德治，礼贤下士，广罗人才。《史记·周本纪》记载姬昌遵后稷、公刘之业，效先祖古公、父亲季历之法，倡导"笃仁，敬老，慈少，礼下贤者"和"克明德慎罚"的社会风气。姬昌在位期间，非常勤政爱才。许多外部落的人才以及从商纣王朝来投奔的贤士，他都以礼相待，予以任用。如伯夷、叔齐、太颠、闳夭、散宜生、鬻熊、辛甲等人，都先后归附于姬昌麾下称臣。《唐语林·卷二·文学》载：

姬昌好德，吕望潜华。城阙虽近，风云尚赊。渔舟倚石，钓浦横沙。路幽山僻，溪深岸斜。豹韬攘恶，龙铃辟邪。虽逢相识，犹待安车。君王握手，何期晚耶？

　　姬昌拜吕尚为军师，问以军国大计，发布"有亡荒阅"的律令，规定奴隶逃亡就搜捕，谁的奴隶归谁，不准藏匿逃亡奴隶。于是诸侯叛纣而往归姬昌。

　　总之，周国在姬昌的治理下，国力日渐强大。使"天下三分，其二归周"；收附虞、芮两国，攻灭黎（今山西长治）、邘（今河南沁阳）和商王宠臣崇侯虎的崇（今陕西关中）等国；建都丰京（今陕西西安），为武王灭商奠基。旧传《周易》为其所演，除此之外，又创周礼，为后世儒家所推崇。孔子更是称文王为"三代之英"。

姜子牙画像

姜子牙（约前 1156—约前 1017 年），姜姓，吕氏，名尚，一名望，字子牙，别号飞熊。他的先祖曾做四岳之官，辅佐夏禹治理水患立下大功。舜、虞之际被封在吕地（今河南南阳西），所以又称吕尚。姜子牙辅佐了西周两位君王，称"太公望"，俗称太公。西周初年，被周文王封为"太师"，被尊为"师尚父"。姜子牙是帮助周文王灭商、武王伐纣的首席谋主，也是最高军事统帅与西周的开国元勋，齐国的缔造者、齐文化的创始人，亦是中国古代一位影响久远的杰出的韬略家、军事家与政治家。历代典籍都认可他的历史地位，儒、法、兵、纵横诸家皆追他为本家人物，被尊为"百家宗师"。

相传姜子牙出生时，家境已经败落。姜子牙年轻的时候当过屠夫，也开过酒铺卖过酒。但他志向远大，无论从事多么卑贱的工作，始终勤奋刻苦地学习天文地理、军事谋略，研究治国安邦之道，期望有一天能为国家事业施展才华。可是直到七十岁还是一无是处，闲居在家。相传他七十二岁时垂钓渭水之滨磻溪，才遇到求贤若渴的西伯侯姬昌。据说姬昌外出狩猎之前，曾占卜一卦，卦辞说："所得猎物非龙非螭，非虎非熊；所得乃是成就霸王之业的辅臣。"姬昌立刻决定出猎，果然在渭河北岸遇到了姜子牙。与姜子牙一番交谈之后，姬昌大喜，说："自从我国先君太公就说：'定有圣人来周，周会因此兴旺。'说的就是您吧？我们太公盼望您已经很久了。"因此称姜子牙为"太公望"，二人一同乘车而归。姜子牙被尊为太师，从此开始了帮助姬昌、姬发父子兴周灭商的戎马生涯。

姜子牙富有军事谋略和勇武精神。《诗经·大雅·大明》："牧野洋洋，檀车煌煌，驷𬴂彭彭。维师尚父，时维鹰扬。"这段诗句描写了一个宏大的战场局面。诗人歌颂了姜子牙"鹰击长空"般的勇武。《毛诗注疏》对其解释："维有师尚父者，是维勇略如鹰之飞扬。身为大将，时佐彼武王，车马鲜强，将帅勇武，以此而疾往伐彼大商。"

《史记·周本纪》对于姜子牙的勇武有更明确的记载：

诸侯兵会者车四千乘，陈师牧野。帝纣闻武王来，亦发兵七十万人拒武王。武王使师尚父与百夫致师，以大卒驰帝纣师。

据此而言，姜子牙不仅是三军统帅，而且勇武过人，身先士卒。"与百夫致师"，郑玄解释："致师者，致其必战之志也。古者将战，先使勇力之士犯敌焉。"

关于姜子牙的谋略，可以通过《尚书》进一步了解。《尚书·周书》中连续五篇都与姜子牙相关，分别是：《泰誓》上、《泰誓》中、《泰誓》下，以及《牧誓》《武成》。五篇都是以周武王的口气发布的"讲话稿"，前四篇主要斥责商纣王的种种罪行，鼓舞各路诸侯同心伐纣，后一篇主要是灭商后的施政大纲。虽是武王的口气，但这些事的"谋主"是姜子牙，所以文字的背后似有姜子牙的影子。宋人史浩认为：

"泰"字当作"太"。意必姜子牙所为也。《孟子》引此篇亦用"太"字，是矣。《左氏传》昭元年引《太誓》曰："民之所欲，天必从之。"亦书"太"字，可无疑也……武王"太誓"岂非以为"吾不得太公，事不克济"，故以此名之乎。

在他看来，三篇著名的《泰誓》本就是出自姜子牙之手。他强调说，伐纣之役的第一功臣就是姜子牙。

帝辛杀了伯父比干，囚禁了另一个伯父箕子，别的被牵连的贵族如微子等则审时度势，投奔了周国。商朝内部出现了激烈的斗争。姜子牙见时机成熟，就向姬发提出伐纣建议。姬发于是通告诸侯共同征伐。姜子牙精选兵车 300 辆，勇士 3 000 人，甲士 45 000 人，组成伐纣大军。于是，前 1046 年，姜子牙辅佐武王伐纣，在商都朝歌郊外 70 里处的牧野之地大败商兵。纣王见大势已去，无力回天，逃回王宫，登上鹿台，自焚而亡。从此商亡周立。

姜子牙是中国文化史中杰出的军事家、政治家，凭着文韬武略协助灭殷兴周，孟子赞誉其"天下之大老"。但是如果没有遇到本身就胸怀天下，富有政治眼光，具有文韬武略的文王姬昌和武王姬发，没有他们给予他极大的信赖和尊重（从他们对他的称呼"太公望""师尚父"中可以看出），他的才能也不可能得以施展，也没有办法成就这番功业。同样，文王、武王父子如果没有姜子牙等众多军事和政治人才的支持，如果没有诸侯的响应和加入，很难在较短时间内推翻强大的商王朝。

唐太宗晚年，为了继续扩张国力并打击边境的叛乱，对外战争频仍。而他的那群开国名将如李靖、秦叔宝等都已步入暮年，所以唐太宗非常忧心国家的武运。就在这时，他做了一个很惊险的梦。

梦中有一个凶神恶煞的人手持大刀追赶他，要取他性命。就在紧急时刻，忽然出现了一位白袍小将，英勇善战，成功打败了追赶者。唐太宗非常感谢他的救命之恩，就上前询问小将的姓名，小将没有直接回答，而是念了四句诗："家住逍遥一点红，四下飘飘无踪影。三岁孩童千金价，保主跨海去征东。"说完就跳入龙口，顿时不见了踪影。

唐太宗在次日向大臣们提及此梦，以求解析，有大臣解释：梦中有凶恶之人追赶，想必是某地将发生叛乱；关于小将的四句诗，第一句"家住逍遥一点红"，是说其居所为山西；跳入龙口，应当是山西的龙门县；后面的两句则为其姓名，如"四下飘飘无踪影"是下雪，雪音同"薛"，那名小将当是姓薛之人；"三岁孩童千金价"说的是"人贵"，所以其名应为"仁贵"，最后一句则表明此人可能会是日后朝廷的重要将才。

薛仁贵画像①

后来，真的从山西的龙门县招举了一位名为薛仁贵的人为征东主帅，此人的才能果真非同凡响。他平定了高丽国盖苏文反唐叛乱。在小说《薛仁贵征东》中，有唐太宗梦得武将薛仁贵的故事。但也不排除此为小说家的杜撰之笔。

薛仁贵是唐初的著名武将，一生戎马倥偬，参加了跨海东征高丽、西征突厥与吐蕃等的重要战争，为唐帝国的统一与安定立下了汗马功劳，功勋卓著。在唐朝战胜高丽之后，设立了安东都护府，由薛仁贵担任都护。在他治理期间，采取抚恤孤老、任用贤才、崇尚节义的仁道措施，使高丽士众莫不欣然慕化。这既体现了大唐宽容的民族政策，也显示出了薛仁贵的宽厚与仁爱，为唐朝在朝鲜半岛的施行教化与东北边境的安定做出了巨大的贡献。

———————————

① 徐君慧整理：《薛仁贵征东》，南昌：江西人民出版社 1998 年版。

作为勇悍一时的将领，时人及后人对薛仁贵都有很高的评价。《旧唐书》说："仁贵骁悍壮勇，为一时之杰，至忠大略，勃然有立。"太宗对薛仁贵的赏识也是溢于言表。仁贵在安地之战中作战勇猛，太宗说："朕旧将并老，不堪受阃外之寄，每欲抽擢骁雄，莫如卿者。朕不喜得辽东，喜得卿也。"薛仁贵深受李世民和李治父子的信赖和重用。《旧唐书·薛仁贵传》中记载永徽五年（654年），高宗来到万年宫，当天晚上，山洪突至，并快速冲进玄武门，守夜的士兵四散逃走，薛仁贵说："安有天子有急，辄敢惧死？"于是登上门桄呼叫，惊动了宫里的人，唐高宗急忙出来登到高处，不久大水就冲入了就寝的宫殿。事后，唐高宗派使者对薛仁贵说："赖得卿呼，方免沦溺，始知有忠臣也。"并赏赐了一匹御马给他。破高丽时，高宗亲自手书敕令嘉奖勉励，并赏赐了大量的金帛、马匹，授予他"游击将军、云泉府果毅，令北门长上"等封号。开耀元年（681年），唐高宗召见薛仁贵，重新授命其为瓜州长史，不久又擢升为右领军卫将军，检校代州都督。这均说明太宗、高宗父子对真正的将才采取珍爱欣赏、宽大优容的政策。

唐太宗李世民是历史上最有名的明君，他的善用人才和宽广胸怀也广为后世传颂。人们最熟悉的是他和诤臣魏徵之间的故事。大业十三年（617年），魏徵在武阳郡丞元宝藏帐下为官。元宝藏起兵响应瓦岗李密，其给李密的奏疏都是魏徵所写，李密见魏徵非常有文才，于是召见魏徵，魏徵献上壮大瓦岗的十条计策，但李密不用。武德九年（626年），李世民发动玄武门事变，将李建成、李元吉等诛杀。李世民听说魏徵以前经常劝谏李建成把自己安排到别的地方去，就派人把魏徵带到面前问道："你为什么要离间我们兄弟？"魏徵面不改色，坦言道："太子要是按照我说的去做，就没有今日之祸了。"李世民见魏徵说话直爽，没有丝毫隐瞒，于是赦免魏徵，并用魏徵为詹事主簿。贞观元年（627年），李世民登上帝位，任命魏徵为尚书左丞。李世民有志建立盛世，多次于卧榻召见魏徵询问得失，魏徵直言不讳，前后上谏两百多事，李世民基本接纳。

魏徵

李世民在世时，创立了一个中国古代历史上最令人称羡的黄金时代。"贞观之治"几乎成为唐宋以后治国实践中理想境界的代名词。唐太宗在位的23年间，政治修明，言路广开；官吏各司其职，极少贪赃枉法；人民安居乐业，四海升平，万邦来朝。后来唐高宗、女皇武则天，一直到唐玄宗开元年间，唐王朝的国运都一直处于上升时期。

商高宗、周文王和唐太宗对国事忧虑用心，能促使良相名将出现，因此"应梦贤臣"的前提，乃是统治者先有梦，才有贤臣。贤臣遇到圣君才能显示其才能，实现政治抱负；明君得到能臣才能如虎添翼，实现政治蓝图。君臣相得，相辅相成，便可开创新的王朝，打开盛世局面。

第三章　建功立业：仕宦之梦

　　帝王们忙于招揽人才以成就一番霸业。而对于一般的读书或者习武之人而言，如何通过举荐获得君王的赏识，或者在科举考试中一举夺魁，从此步入仕途，建功立业，实现人生的价值，成为他们一生中最重要的追求。但是现实往往是非常残酷的，很多底层的文人武士可能终生沉沦于市井之中。以梦来寄托为国家奉献的理想，实现为社会服务的心愿，或者获得高官厚禄，享受权势、富贵带来的自由和畅意，这些都充分体现了梦的补偿功能。

第一节　梦的补偿功能：黄粱美梦

一、美梦的背后——对现实的补偿

　　人们可以知道一个人的意识想法，但无从知道无意识的想法，可以通过对梦的解释了解人的无意识。当意识与无意识之间不平衡时，这对一个人来说，可能是非常危险的。因为如果对无意识不加约束，它会对人格具有非常强大的破坏力。梦常常与意识想法间存在着微妙的背离，甚至完全相悖，梦的这种特点被荣格称为"补偿"，即梦在意识与无意识之间，扮演着平衡融合不同的素材和观点，以期对人格形成一个校准和矫正的重要角色。

梦的补偿功能可以由三个层面来看：

第一，梦可以补偿自我的暂时性扭曲，让人对自己的态度和行为举止有更全面的理解。如某人对朋友生气，但很快气就消了，却在梦中对那个朋友大发雷霆，醒来后，之前被压抑下来的怒气又会冒了出来。更重要的是，借由此梦，做梦者可能会了解到，在这种情况下，是哪个情结被挑起（激发）。

第二，更为深刻的补偿功能。梦作为心灵呈现自身的方式，映照出运作中的自我结构需要，更密切地调整步伐以跟上自性化的历程。这通常在人偏离了个人发展的正途时发生。自性化的目标从来不光是适应现状而已。如有个在家庭、社区、职场处处得意的人做了个梦，梦中有个清晰的声音对他说："这不是你真正的人生！"一语惊醒梦中人，这句话持续影响了他好几年，缓缓开拓出做梦者当时并不清晰的生命视野。

第三，更为神秘的补偿功能。自我的原型核心是"我"的恒久根基，这原型核心和很多人格面具以及自我认同是融合在一起的。我们把梦看成是直接改变情结结构的一种努力，而情结结构则是原型层次的自我在意识上所赖以认同的。比如，许多梦似乎对梦境自我设下了任务，任务一旦达成，清醒自我的机构也会随之改变，之所以如此，是因为梦境自我认同往往是清醒自我认同的一部分。梦境自我以为在梦的框架内所经历的事，是自身与外部情境的互动；不过，梦中这些外部事件可能直接反映的是，和清醒自我的日常运作与结构有关的情结。梦境自我与这些梦中情境的关系改变会使清醒自我感到自身态度或心情有所变化。

古人热衷于做梦和解梦，相当一部分原因就是出于这种补偿心理。因为现实中没有办法或者暂时不能得到的，梦中或许可以得到满足。关于梦刀、梦笔的传说就鲜明地表现出人们的这样一种文化心理。梦刀的传说出自《晋书·王浚传》：西晋大将王浚为巴郡太守时，夜梦卧室梁上悬有三把刀，一会儿又加了一把。醒来颇觉不祥，告知部下。主簿李毅解释说："三把刀合起来为州字，又加一把，是益州之意，估计您要到益州为官了。"不久，益州刺史皇甫晏被张弘杀死，王浚升任益州刺史。于是，梦刀就成了地方官升迁的典故。那些久为地方小吏的人，无不希望自己梦刀高就。王安石送赵燮诗曾引用梦刀的典故："行追西路聊班草，坐忆南州欲梦刀。"（《送赵燮之蜀永康簿》）赵燮要到蜀州任职，而蜀州正是王浚梦刀升迁之地，所以王安石很自然地联想到了梦刀的典故。

梦笔则是典型的文人梦。文人最得意、最渴望的大概就是文章能独步天下、文名饮誉海内了。实现这一梦想的捷径就是高人指点，神灵附身。梦笔的传说表现的正是这样一种梦想。其典故是南梁纪少瑜儿时曾梦见陆倕送给他一支青镂管笔，陆倕对他说："我看这支笔还能用，你就好好地用它吧！"从此以后，纪少瑜的文学造诣有了突飞猛进的发展，十二岁就可以出口成章。当时名士王僧孺很赏识他，说："此子才藻新拔，方有高名。"因而，那些希望有所成就的文人，也常幻想有梦笔之幸。

吴山明在瓷器上绘制的《梦笔生花》

关于梦笔的故事，较有名的还有江淹梦笔和李白梦笔。江淹是南朝时期的大才子，六岁能诗，文笔华丽。《太平广记·梦二》中记载，江淹在被权贵贬黜到浦城当县令时，相传有一天，他漫步浦城郊外，歇宿在一小山上。睡梦中，见神人授予他一支闪着五彩光芒的神笔，自此文思如涌，成了一代文章魁首。中年以后，江淹官运亨通，官运的高峰反而使他遇到了创作上的低潮，富贵安逸的环境，使他才思减退。到齐武帝永明后期，他就很少有传世之作了。据《南史·江淹传》记载，江淹有一天晚上梦见一个人，自称是郭璞（晋代文学家），他对江淹说道："我有一支五色彩笔留在你处已多年，请归还给我吧！"江淹从怀中取出，还给了那人。此后他写的文章就日见失色，时人谓之才尽。这就是"江郎才尽"的典故。

关于李白梦笔的故事，五代周时王仁裕在《开元天宝遗事》中记述："李太白少时，梦所用之笔头上生花，后天才赡逸，名闻天下。"

修身、齐家、治国、平天下是古代文人终生追求的理想，立德、立功、立言为"死而不朽"的三重境界。梦刀与梦笔的故事承载的便是中国古代为官者与文人这种强烈的建功立业的集体无意识和文化无意识。

隋唐时期，科举为平民百姓提供了改换门户的可能性，所以"一举成名天下知"成为士子们的普遍心理。唐代的封建经济和文化空前繁荣，造就了大批知识分子。唐初实行的科举取士制度为普通的知识分子铺就了进身之阶。

熊孔成先生于 20 世纪 80 年代初期创作的连环画插图《文人梦笔》

　　古代士人读书的目的是做官。唐代士人入仕的途径主要有科举、入幕和以门资入仕等几种。其中又以科举尤其是进士科最为荣耀和令人艳羡。科举与小说有着密切的关系。行卷、温卷之风推动了小说的发展，文人的聚散又有利于小说的传播。现实生活影响了士人们的人生追求，在记梦类小说中，这一主题十分常见。初盛唐的"仕"与"婚"的梦想，中唐社会的动荡，晚唐"夕阳无限好"的悲叹，无不在唐传奇记梦文学作品中打下了深深的烙印。《太平广记》卷二七六至卷二八二共有七卷为"梦"类，写梦的小说总计一百六十八篇，其中大部分是唐五代之时的作品。

　　在梦类小说中，科举之梦占据了相当大的比例。主人公们多是梦见升官或得官的兆头，只是征兆颇为隐晦，或竟像凶兆，而多亏一个善解梦的人解说明白，不久之后竟然都能应验。如依从梦兆改名而得官（《传载·豆卢署》）；因梦棺得官（《因话录·李逢吉》）；梦见自己剃发为僧，解梦的人说你很快就要官运亨通了，不久果然成为台辅（《北梦琐言·曹确》）。这些科举之梦表现了士子们内心的愿望与理想。当时文人生活在政治较为开明、思想较为开放的时代，对未来充满信心与希望，他们自觉或不自觉地流露出乐观、自信的心理，并为身处大唐帝国而感到自豪。初、盛唐文士的乐观自信，由此也可窥其一斑。他们积极进取，希望通过科举博得功名，为国家效力，一举成名成为整个社会的普遍心理。

唐王朝在经历了安史之乱后由鼎盛走向衰败，社会的政治、经济、文化出现大滑坡，当时外有藩镇割据，国势暗弱，裙带之风大盛。唐人政治生活中最重要、涉及面最广的是始于隋朝的科举考试，那是下层读书人进入上层社会的终南捷径，因此，民众尤其是士子们对此非常看重。据王定宝《唐摭言·总叙进士科》说："进士科，始于隋大业中，盛于贞观、永徽之际。缙绅虽位极人臣，不由进士者，终不为美。以至岁贡，恒不减八九百。其推重，谓之'白衣公卿'，又曰'一品白衫'。其艰难，谓之'三十老明经，五十少进士'。"有些人虽然位极人臣、锦衣玉食，依然为自己没有考中进士而抱憾。《隋唐嘉话》中记载，薛中书元超对他的亲信说："吾不才，富贵过分，然平生有三恨：始不以进士擢第，不得娶五姓女，不得修国史。"然而到了中晚唐，由于政治的腐败，考试制度被破坏殆尽，名重一时的进士科已为少数豪门子弟把持，凡是朝内没有人的，一般很难进身，结果形成官官相护，狼狈为奸，把持官爵，用人唯亲，排斥异己。主考官不再唯才是举。寒门出身的士子，自然竞争不过豪富与权贵之子弟。孙棨在《北里志》中写道："自故进士大盛，旷古无俦，然率多膏粱子弟，平进不及三数人……"

弗洛伊德说，梦是一种受压抑的欲望经过改装的满足。在学而优则仕的儒家思想教诲下成长起来的士子们，满怀着"修身、齐家、治国、平天下"的雄心壮志，面对如此令人沮丧的世道，报国无门，只能把积极进取的人生理想寄托于梦境。因此，他们喜欢写发生于开元或天宝年间的故事，在梦境中主人公登科及第、娶五姓女……实现他们在现实生活中无法企及的美梦。此时，受安史之乱的影响，唐帝国的国力已大不如前，士子们也不再像初、盛唐时那么乐观自信，而是表现出视人生如梦或者向往理想社会的空幻心态。此时，显示仕途悲欢的著名篇章有《枕中记》和《南柯太守传》。

二、文人的黄粱梦

《枕中记》讲述了一个落魄书生的故事。有一个道士吕翁，学会了神仙之术，行走于邯郸界内，见天色已晚，就住进了路边的一个小旅店。道士取下帽子、松解衣带，靠着他的大布袋坐着休息。这时来了一个姓卢的书生，穿着粗布衣服，骑着一匹小瘦马，准备到田间耕作，见旅馆中有客人，就凑过来一起休息。二人相谈甚欢。书生对吕翁慨叹生不逢时，人生困顿，并侃侃而谈自己的人生理想："士之生世，当建功树名，出将入相，列鼎而食，选声而听，使族益昌而家益肥"，而且他也努力奋斗过，"吾尝志于学，富于游艺，自惟当年青紫可拾"。但现实情况却是"今已适壮，犹勤畎亩，非困而何"。说完开始打哈欠。

吕翁微微一笑，从自己的大布袋里掏出了一个枕头，说："枕着我的枕头睡吧，它可以帮助你实现所有的梦想。"这是一个青瓷枕，做工精致，两头有孔。书生正在犯困，也没多想，就拿过来枕着睡了。感觉青瓷枕的孔变得越来越大，卢生抬腿走了进去，开始了他"美梦成真"的生活。

几个月之后，卢生娶了清河郡崔姓大户人家的小姐，家境丰厚起来。第二年考中了进士，官运亨通，三年后任职京兆尹，在与吐蕃的战争中立下赫赫战功，被封为御史中丞、河西节度使、吏部侍郎，很快升职当上了户部尚书兼御史大夫。权重一时，遭到宰相嫉妒和中伤，被贬为刺史，后又被启用，成为皇帝身边的"贤相"。后来卢生再次遭到陷害，几乎丢了性命，他开始怀念以前贫穷却安定的生活，"吾家山东，有良田五顷，足以御寒馁，何苦求禄？而今及此，思短褐、乘青驹，行邯郸道中，不可得也"。几年之后皇帝为其平反，再次重用。

两窜荒徼，再登台铉，出入中外，徊翔台阁，五十余年，崇盛赫奕。性颇奢荡，甚好佚乐，后庭声色，皆第一绮丽。前后赐良田、甲第、佳人、名马，不可胜数。（《枕中记》）

享尽荣华富贵，卢生老后病死。醒来后发现自己还躺在旅店里，店主人煮的小米饭还没有熟。卢生顿悟"宠辱之道，穷达之运，得丧之理，死生之情"，功名利禄之心遂成死灰。

河北省著名文物古迹和旅游胜地黄粱梦吕仙祠（内景）之《枕中记》图景

故事中卢生经历的官场沉浮是现实境况的浓缩。小说作者沈既济，唐大历年间曾做过小官，受到宰臣杨炎的赏识和推荐，擢升为左拾遗、史官修撰。建中二年（781年）杨炎获罪被贬官。沈既济受到株连，也于同年十月被贬为处州司户参军。混迹官场多年，沈既济目睹了很多高官大员的升降起落，兼之自己的亲身经历，早已看透世态。客观存在的宦海风波，加上唐代佛道思想遍播士流，知识分子热衷于功名利禄，一入仕途，又往往产生幻灭之感。卢生梦后对佛道出世思想的领悟也是作者人生体验的总结和情感的生发。

卢生是一名标准的士子，他对功名的渴望是当时士子的共同心态，他的美好愿望也是当时士子所梦寐以求的：中进士、娶高门或王室之女、参加国史的编修等，而在现实中真能实现这些愿望的人实在是少之又少。而且在当时统治集团内部矛盾斗争尖锐复杂的情况下，即使真能如愿也难免不遭飞来横祸，或被杀头，或被流放。面对这"烫手的山芋"，中晚唐士子们经过自身的或他人的惨痛教训的启示后选择了放弃，以行动的退却完成了思想的突围。

《邯郸记》（万历本）绘图

明代大戏剧家汤显祖将《枕中记》改编为《邯郸记》（"临川四梦"之一），其中点化卢生悟道的道士变成了吕洞宾。因蓬莱山门前缺一位扫花使者，吕洞宾特意到人间物色人选，发现邯郸地方有仙气升腾，在一间小旅馆遇到了科考屡试不中的卢生，见他相貌清奇，有仙分，觉得此人可度，就与他攀谈了起来。接下来的故事情节基本与《枕中记》相同，只是结局略有不同。卢生醒来后，吕洞宾告诉他，那些儿子都是店里鸡犬所变，崔氏是他骑的驴子所变。卢生听后幡然醒悟，就随吕洞宾去蓬莱仙山做桃花苑的扫花使者去了。

故事的改编加入了汤显祖本人的经历以及明代的社会风气。汤显祖出身书香门第，少有才名。他不仅精通古文诗词，而且能识天文地理、懂医药卜筮等书。三十四岁中进士。明万历十九年（1591年），他不满当时官僚腐败上疏弹劾，触怒了皇帝，被贬为徐闻典史。后调任浙江遂昌县知县，在任五年，政绩斐然，口碑颇佳，却因压制豪强，触怒权贵而招致上司的非议和地方势力的反对，于万历二十六年（1598年）愤而弃官返回家乡。返乡后，他逐渐打消了仕进之念，潜心于戏剧及诗词创作。《枕中记》中，卢生醒悟之后，拜谢道士并自行离去。可能他不再眷恋科场和官场，但依然在人世间过着恬淡的生活。而到了《邯郸记》中，他直接就跟着吕洞宾走了，离开人间，去了蓬莱仙境。前者是看破官场，后者则是看破红尘，是彻底的出世。

还有一篇同样主题的《樱桃青衣》（出自《异闻集》）。范阳卢生在现实社会中穷困潦倒，"在都应举，频年不第，渐窘迫"。有一次，他于一精舍中听僧人开讲，因而入梦，梦中遇到一位携一篮樱桃的青衣，随后娶高门大姓郑氏女，科场得意，仕途顺利。自婚媾之后，二十年间屡任要职，生下七男三女，子孙成群。梦中经历荣华富贵和读书人所企盼的种种。然而，梦醒以后，卢生才发现，原来是一场空。而寺庙门前的那位樱桃青衣仍然在跟其他书生说着同样的话。于是，他不禁感叹："人世荣华穷达富贵贫贱，亦当然也。而今而后，不更求官达矣。"

以《枕中记》等为代表的文人梦，对文人步入仕途受阻在一定程度上进行了补偿，但其意义和价值随着时代的不同而有所差异。梦醒后，唐代士人即使对在朝廷为官感到失望，但还会追求生命本身的意义，希望在日常生活中获得愉悦和满足；明代士人则不仅对官场彻底失望，而且对社会也比较绝望，因此只能寄情于世外仙境，于虚无中寻求生命的解脱。

三、侠客的南柯梦

《南柯太守传》的主题与《枕中记》大致相同。游侠淳于棼醉酒后于梦中被两位紫衣使者引入大槐安国，招为驸马。不久出任南柯郡太守，守郡二十年间，风化广被，受到百姓称颂。后因战事失利，公主病薨，遂遭国王及大臣的疑忌，先被软禁，后被遣返回乡。此时忽然梦醒，发现二十年的荣辱穷达竟然只是一场梦而已。

该篇与《枕中记》在细节方面有较多不同之处。《枕中记》

的主人公是一位穷书生，多年科举未中，疲于劳作，为生计奔忙。而本篇主人公淳于棼是"吴楚游侠之士。嗜酒使气，不守细行"。"累巨产，养豪客。曾以武艺补淮南军裨将，因使酒忤帅，斥逐落魄，纵诞饮酒为事。"他家财万贯，性格豪迈，不受拘束，曾在军营当过军官，因忤逆上司，被赶了出来。主人公的家庭背景和这段经历让故事在一种轻松、豁达的氛围中徐徐展开。

　　梦中有许多关于场景的细节描写。淳于棼刚刚入梦，两位紫衣使者便出现，说他们是奉槐安国国王之命前来接他，途中的山川景致与人世间的很不一样，周围的人们也都恭谨地避让他们的马车。到了之后，他被安排在"东华馆"，享受未来驸马的高规格待遇。令人意外的是槐安国中竟然还有他的两位故友，"职为司隶，权势甚盛"的酒友周弁和受到"右相武成侯段公"赏识的田子华。更奇异的是，在梦中，淳于棼还可以与他十六七年未曾联系过的父亲书信往来。槐安国王召见淳于棼并当场宣布把金枝公主瑶芳许配给他。公主十分年轻貌美，婚后两人感情甚好。习惯了富贵和享乐生活的淳于棼虽然当上了驸马爷，却没有想要借公主的裙带关系跟皇帝讨要官职。过了一段时间，倒是公主主动提出让他去做官。

　　有一天，公主问淳于棼："难道你不想做官吗?"淳于棼回答："我放荡惯了，不懂得怎样处理政务。"公主说："你尽管做好了，我会协助你的。"她就去对国王说了。过了几天，国王对淳于棼说:"我国的南柯郡政务办得不好,原任太守已经被罢免,我知道你很有才华,想请你出任南柯郡守,你就和我女儿一起去吧。"淳于棼恭恭敬敬接受了任命。于是国王下令主管官员准备新太守行装,准其携带了大批的金银珠宝仆人车马随行。淳于棼年轻时只知仗义行侠,从来没想到会大富大贵,他非常高兴,就向国王上了个奏章,说:"臣是将门之后,平日里也没什么特别的能力,现担任这样的职位,很怕有辱使命。想到这些,心中非常不安。现在我想跟陛下要两个人做我的助手。现任司隶颍川周弁,为人忠诚磊落、刚正直率、守法无私,具有辅佐的才能;处士冯翊田子华,为人清廉谨慎、识时通变,深明政治教化的本源。此二人和臣都有十年交谊,臣深知他们的才能,可以委办政务。请委任周弁为南柯郡司宪,田子华为南柯郡司农。这样可使臣治下有政绩申报,国家法制能系统贯彻。"

国王就按表准奏,任命了周、田二人,一起派往南柯。

在周、田二人的辅助下,淳于棼对南柯郡的治理取得了突出的成绩,"百姓歌谣,建功德碑。立生祠字"。"王甚重之,赐食邑,锡爵位,居台辅。""周、田皆以政治著闻,递迁大位。"

从淳于棼与妻子的对话中可看出,他并没有十分强烈的建功立业的愿望,是妻子的地位和勉励让他走上了仕途。出身将门,身为游侠的淳于棼其实是有自知之明的,事实证明他也的确不适合当官。他把很多重要的事务交给两位朋友去办,办好了,与他们一起共享荣华；办砸了，他首当其冲。在与檀萝国交战时，周弁刚勇轻敌，导致战败。虽然国王没有责怪他，但君臣之间的关系已经出现了裂痕。不久，周弁和公主先后病亡，田子华代理南柯太守职位，淳于棼护送公主灵柩返回国都。失去了公主的庇护，他却还不懂得收敛锋芒，"生久镇外藩，结好中国，贵门豪族，靡不是洽。自罢郡还国，出入无恒，交游宾从，威福日盛"。结果遭到大臣和国王的忌惮，被软禁，"生自恃守郡多年，曾无败政，流言怨悖，郁郁不乐"。在这种情况下，国王就让紫衣使者把他送回了家乡。

《南柯太守传》插图

重用酒友、故人，却不去约束和提防他们；失去公主这座靠山，又没有及时加强与国王的关系；遭受猜疑，却不进行自我反省，反而有怨言。身在官场，却不肯圆滑变通，不懂得韬光养晦，这样他的仕途是很难有所发展的。小说作者李公佐，进士及第入仕后曾有两次贬官、削官的经历。这些遭遇应该也融入了小说中。

《南柯太守传》中空幻和神秘的色彩很浓厚。文中记录了一些佛事活动，众蚁女提到她们在"于天竺院观右延舞《婆罗门》""听契玄法师讲《观音经》"等活动中曾与淳于棼见过面。淳于棼醒来后发现了槐安国和檀萝国是两处大蚁穴，而他的两位朋友，周弁已经故去，田子华也是重病在床。据此推断，他的父亲也已恐不讳。淳于棼经历了一场梦境之后，"感南柯之浮虚，悟人世之倏忽，遂栖心道门，绝弃酒色。后三年，岁在丁丑，亦终于家"。他的父亲在书信中说"岁在丁丑，当与汝相见"。离开槐安国之前，国王说"后三年，当令迎卿"。果然他们的话都应验了。道教神仙、佛教轮回等观念几乎贯穿了小说的始终。很明显，小说折射出当时人们的空幻心态，他们对现实充满了失望，充满了惆怅，于是在梦境中寻找安慰，在梦境中实现自己的人生价值。

中晚唐社会危机加深，士子们参与现实、匡国济民的政治理想较盛唐减弱了许多，代之而起的是对现实的冷静观察和深沉思考。佛道的出世主张及思辨色彩正好契合了文人武士的心态。汪辟疆曾说过："唐时道佛思想，最为普遍。其影响于文学者，随处可见，以短梦中历尽一生，此二篇是为代表，其他皆可略也。"
《枕中记》和《南柯太守传》等传奇小说塑造了两个世界：梦境
和现实。在梦中，卢生是积极进取的，建功立业、封妻荫子……
是典型的儒家思想熏陶下的读书人的思维模式。而在现实世界
里，卢生是消极的，顿悟后，他"寻仙访道，绝迹人世"，实现
了思想的大突围，不难看出这是蔑视功名、清静无为的道家人生
哲学指导下的行为模式。游侠淳于棼在现实中受挫后，不再贪恋
官场。但梦中，在妻子的鼓励下，淳于棼的功名心也被激发出
来，他在做南柯太守的二十年间成绩卓著，被封侯拜相，受到国
王的重用，儿女受到荫庇，都嫁娶豪门贵族。后来公主病亡，他
也日益失势。醒来后，顿悟人生在世一切荣华富贵都是一场虚
幻。历经繁华之后，淳于棼这次大概是彻底醒悟了，"遂栖心道
门，弃绝酒色"。

　　一些唐传奇的作者写小说是为了拜谒权贵。唐代流行温卷、
行卷的风气，士人们在科举考试前，为了推荐自己，将自己的诗
词或者小说送给官员，希望得到官员的提拔和举荐。这些小说的
读者群是高级知识分子，因此写作的题材更符合当时士大夫文人
的价值观和审美观。而卢生和淳于棼在梦中的经历无疑是唐代知
识分子和游侠之类的武人所追求的人生最完美的理想境界。然
而，现实是残酷无情的，他们的梦越辉煌就越能反衬出现实人生
的悲惨。这种强烈的反差和对比，客观上流露出以卢生为代表的
文人和以淳于棼为代表的武将们进退两难的仕宦危机，进则不容

于朝，退又不甘于野，这正是中唐以来人们的普遍心态。这种入世与出世的矛盾造成了他们思想上的迷惘。于是，一种进退维谷的情绪在唐人小说特别是记梦小说中得到了充分的反映。

第二节　科举情结：仕途之梦

一、科举情结

科举是中国古代通过考试选拔官员的一种制度，因为采用分科取士的办法，所以叫作科举，又称"贡举、选举"等。科举主要分为常科与制科两大类。常科按照常规定期举行，制科则由朝廷临时设立名目，不定期举行。隋唐时期科举的具体考试科目繁多，但到了明清时期，常科只剩下进士科了，制科也极少举行。科举制度从隋朝开始实行，到清朝光绪三十一年（1905 年）举行最后一科进士考试为止，前后经历了近 1 300 年，成为世界上延续时间最长的选拔人才的办法，对中国古代社会政治与历史文化产生了极其深远的影响。因此，著名学者钱穆先生把唐代以后至清朝的中国社会称为"科举社会"。

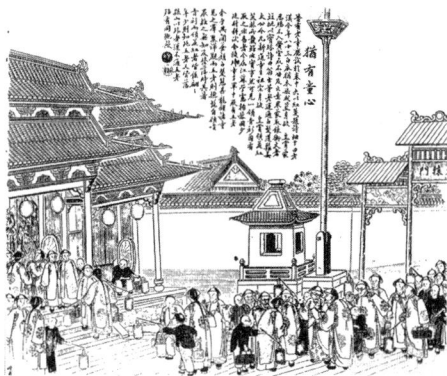

《点石斋画报》之"犹有童心"①

　　在隋唐时期，科举制极大地改善了之前的用人制度，打破了血缘世袭关系和贵族的垄断。"朝为田舍郎，暮登天子堂"，部分社会中下层有能力的读书人进入社会上层，获得施展才智的机会。但到了后期尤其是明清时期，八股取士从内容到形式都严重束缚了应考者，使得许多知识分子不讲求实际学问，束缚了他们思想的自由，也影响了社会的发展。

　　明代是中国科举制度的鼎盛时期，统治者对科举高度重视。科举取士的制度也更加严密，士子们要想踏入仕途，首先要参加童生试，取得生员资格，成为秀才，然后逐级参加正式的科举考试——乡试、会试、殿试。考中科举是许多知识分子在幼年时代

━━━━━━━━━━

　　①　此图描绘了清代老年考生参加科举考试的场景。

就被灌输的思想，更是成年后追求的梦想和人生目标。为了获得功名，顺利步入仕途，很多士子半生甚至一生困于科场，也有异想天开，希望能够获得统治阶级的赏识，一朝飞黄腾达的。

荣格认为情结（complex）是个人无意识中的一个"结"。他最早用情结这个词指代"私人问题"。这个私人问题通常是由人人皆有的某种情感基调聚拢在一起的各种思想的集合。弗洛伊德认为情结是一种受意识压抑而持续在无意识中活动的，以本能冲动为核心的欲望。个体无意识的内容和情感能量常常表现为各种情结，如成功情结、英雄情结、权力情结、恋母情结、恋父情结、自恋情结等。情结可能与个体创伤性的经验有关，但也可能由某个集体无意识原型决定。任何情结的核心都是一个共通的经验模式，即原型（archetype）。每个人都拥有某些情结。无害的情结是健康心理多元化的表现。当人们意识到自己的情结，并能善用它，可能对个人的成长和发展大有裨益；但如果一个人被情结控制，无论对个人还是集体而言都将是一场灾难。

自科举制度产生之后的一千多年以来，对于众多的士子而言，科考成功、高中进士就拥有了荣耀、财富、尊严和地位，科场不利就与失败、屈辱、贫穷、卑贱等为伍。科举情结成为古代士人和他们的家人最普遍、最突出的一种心理动力。少数贵族子弟可以凭借父辈或祖辈的荫庇不通过科考就走上仕途，比如《红楼梦》中的贾政，他从小酷爱读书，本来也是要以科举出身的，但他的父亲贾代善过世后，"皇上因恤先臣，即时令长子袭官外，问还有几子，立刻引见，遂又额外赐了这政老爹一个主事之衔，令其入部习学，如今现已升了员外郎"。贾政虽然承蒙皇帝恩赐，不用苦熬科举，直接做官。但他的儿子贾宝玉和孙子贾兰等却只能走科举经济之途。而贾政和贾宝玉父子的矛盾也主要源于这一点。贾宝玉十分瞧不起身边那些阳为道学、阴为富贵的读书人，讥讽他们为"禄蠹"，但在父亲的严厉管教、母亲和祖母的殷切期望下，为了振兴已经败落的家业，他也不得不硬着头皮踏上科考这条"光明正道"。在决定追随一僧一道出家之前，他做的最后一件事就是遵父命用心攻书，如期赶考。出了考场他就失踪了。后来喜报传至家中，他中了第七名举人。这个"举人"称号和光环是他送给已经过世的祖母史太君、望子成龙的父亲贾政、母亲王夫人以及对他苦心劝谏和持续勉励的妻子薛宝钗的一份礼物、一个交代，也是他斩断尘缘、回归天界（自性）的一个终结。

贾宝玉身上的科举情结与其说属于他本人，不如说属于其家族，是那个时代的文化情结。为了满足这个情结的需要，贾宝玉不得不戴上他最厌恶的人格面具，钻研八股，参加科举。贾宝玉的中举满足了家人和社会对其角色的期待。此时，薛宝钗已经怀孕，贾宝玉作为家族中的一名男性成员的使命也已经完成，接下来他就要去做他自己，可以为僧、为神（赤霞宫的神瑛侍者）、为石（青埂峰下的大石头），只是不要再做贾（假）宝玉。用与亲人断绝关系的方式去实现人格的整合，这是多么的无奈和悲凉。但在那个时代，一个没落贵族的子弟要想成为真正的自己，这是不得不付出的代价。

明清时期，随着人口数量的增加，考试的名额并没有相应增多，科考的路径和形式也日益狭窄和僵化，科举之途其实是一条非常耗时、耗力、耗神、耗财的羊肠小道。但在强大的世俗和家族压力下，像贾宝玉这样出身显赫且对科举深恶痛绝的贵族公子都不得不走上科举考试的道路，何况其他一般人家的子弟。顺治十五年（1658 年）秀才考试，十九岁的蒲松龄"初应童子试，即以县、府、道三第一补博士弟子员，文名籍籍诸生间"。少年得志的蒲松龄踌躇满志，义无反顾，"日夜攻苦，冀博一第"。但历经三十余载，入乡闱十余次，每次都是"如棘闱辄见斥"，一直到了七十二岁时，才得到一个岁贡。多年科场的失败使得科举考试成为蒲松龄心目中一个难以舍弃的情结。他一方面对科举制度有着深刻的"怨"和"愤"，在《聊斋志异》中对科举制度进行了多方面的批判；但另一方面，他仍然把通过科举考试，走上仕途作为人生成功的一个重要标志。

情结事实上是一些"心理碎片"。其原始病因通常是频繁的创伤、情感打击或类似事件。这样的事件会把一小部分心理分裂出来。最常见的一个起因是道德冲突。这种冲突的根源显然不可能保持一个人本性的完整。无论意识心理是否意识到，这种不可能性预先假定了一种直接的分裂。一般说来，任何情结明显是无意识的，而这自然而然保证了它们有更多的行动自由。在这些情况下，它们的同化能力特别明显，无意识甚至能帮助情结同化自我，从而导致人格暂时的、无意识的改变，这被称为"与情结认同"。贾宝玉厌恶"禄蠹"之徒，却不得不加入科考的队伍中；蒲松龄辛劳几十载，穷苦一生，仍然追求功名。他们都在不同程度上拥有了科举情结，认同了"书生"这一文化面具。

吴敬梓造像 安徽《文化报》五百期纪念

出身名门望族、才华横溢却憎恨科举的吴敬梓在《儒林外史》中对清代各阶层知识分子深受科举情结困扰的种种状况做了全景加特写式的描摹与刻画。如周进、范进为考中举人耗尽了毕生的精力，到胡子花白还没有考中秀才。尽管其生活极为困顿，还是念念不忘科举考试。周进路过一处考场，进去观看，触动了一生的辛酸和痛苦，放声大哭，竟然难过得死去活来。后来在一些小商人的帮助下参加了考试，博得了考官的同情，才时来运转。当他考中举人时，以前讥讽挖苦他的那些人，都来奉承他，把他吹捧成最有学问的人。再如范进，中举前家里穷得没有米下锅，抱着一只老母鸡去集市上卖。当得知自己中举的消息时，竟然喜极而狂，变成了疯子，幸亏岳父胡屠户打了他一巴掌，才使他清醒过来。这时候，当地的乡绅等有头脸的人物都对他刮目相看，有送房屋的，有送财产的，范进的生活立刻发生了根本性的变化。从小说中人物命运的沉浮和行为的怪诞，可以看出被科举情结控制的人和社会是分裂的且变态的。

范进中举

人们拥有情结，情结也可以控制人的意识，甚至控制自我。一种活跃的情结会暂时把人们置于无法控制自己的思考和行动的强迫状态。情结及其联想材料在心灵的层次体系中明显独立，它们仿佛是一个帝国里造反的奴隶。研究显示，这种独立基于一种强烈的情感基调，基于情结中情感元素的价值，因为"情感"在心灵构成之诸要素中占有独立位置，并可轻易突破个体的自我控制和自我企图。荣格认为："运用心理学方法，很容易证实这种'情感强度'的存在，我引进术语'自主性'来代表情结的此种属性。我认为，情结是想象的群集，是自主性的结果，相对独立于意识的中心控制，任何时候都可能击败或穿越个人意图。"（《情结与阴影》）周进进入考场后触景生情、号啕大哭，范进中举后的发狂疯癫都是被科举情结控制时触发的非正常表现。

明末小说家冯梦龙和凌濛初都出身于官宦世家，也都是科场不利，最后转向著述。追求科举功名的梦在"三言二拍"中有数十篇，涉的内容十分丰富，本节将重点对此进行介绍和分析。

二、考场内外的"神梦"

"二拍"中的作品多取材于古往今来新鲜有趣的轶事，其中不少篇目读来令人啧啧称奇，包括那些原本阴暗沉闷的科举故事。《初刻拍案惊奇》卷四十《华阴道独逢异客 江陵郡三拆仙书》开篇写道："话说人生只有科第一事，最是黑暗，没有甚定准的。自古道'文齐福不齐'，随你胸中锦绣，笔下龙蛇，若是命运不对，倒不如乳臭小儿、卖菜佣早登科甲去了。"接下来一口气讲了七个关于科举考试的小故事。前三个是关于书生科举考试时，因命里有福分，又有外力帮衬，纷纷金榜题名。第一个"撞着人来帮衬"，是何举人有贵人相助。第二个是有鬼来帮衬，"一点文心，至死不磨。上科之鬼，能助今科"。第三个是有神借人来帮衬，笨书生被捉弄，反而弄假成真，考试得中。后面四个都是梦的神奇力量帮衬书生科考，体现梦具有超自然、给人带来消息的神力。第四个是"自己精灵现出帮衬"。故事发生在湖广，某公批阅试卷疲倦了，蒙眬中开始打盹：

> 只听得耳畔叹息道："穷死穷死！救穷救穷！"惊醒来想一想道："此必是有士子要中的作怪了。"仔细听听，声在一箱中出，伸手取卷，每拾起一卷，耳边低低道："不是。"如此屡屡，落后一卷，听得耳边道："正是。"某公看看，文字果好。取中之，其声就止。

后来某公见到这位书生，询问得知此生家境贫寒，在窗下完成一篇文章，便呼："穷死穷死！救穷救穷！"某公说阅卷时耳中听到的就是这几个字，两人共同感叹，原来书生心性坚切，感动神灵，使自己的精灵出现引导考官发现自己的才华。

第五个故事更是诡异古怪。浙场有个士子，少年饱学，可惜屡试不第。后来年龄大了，就对功名心灰意冷了。但考试前一晚的一个梦改变了他的命运：

> 进场之夜，忽梦见有人对他道："你今年必中，但不可写一个字在卷上，若写了，就不中了，只可交白卷。"士子醒来道："这样梦也做得奇，天下有这事么？"不以为意。进场领卷，正要构思下笔，只听得耳边厢又如此说道："决写不得的。"他心里疑道："好不作怪！"把题目想了一想，头红面热，一字也忖不来，就暴躁起来道："多管是又不该中了，所以如此。"闷闷睡去。只见祖、父俱来分付道："你万万不可写一字，包你得中便了。"醒来叹道："这怎么解？如此梦魂缠扰，料无佳思，吃苦做甚么？落得不做，投了白卷出去罢！"

三场考试，书生都交了白卷。但他竟然阴差阳错，考中了。原来，两个进士知县拿今年的科考题目练手，见到白卷，心血来潮，两人替书生执笔，互相斟酌修改，凑成好卷，三场都是这样，成就了书生的功名梦，也满足了知县再次"考中"的欲望。

第六个故事中的书生管九皋命里与科考犯冲，场前梦见神人传示七道题目，醒来历历在目。第二日，他按照梦里的提示准备文章，挑了好文章熟记于心。等到入场发现七题都符合，他信笔拈来，不假思索，自以为有神灵眷顾，运气非凡。但本年主考厌倦八股文，书生弄巧成拙，最终落榜。真是"梦是先机，番成悔气。鬼神揶揄，直同儿戏"。

最后一个小故事讲述了浙江山阴士人诸葛一鸣，在山中发奋读书，都顾不上回家过年，在金甲神的帮助下，考试第一科中了，因忘记烧纸钱答谢，被捉弄作弊，"当时打了枷号示众，前程削夺"。

凌濛初

前面五个小故事讲述了这些书生命里运气极佳，要么有神灵帮助，要么梦中有祖先守护，或有贵人相助，注定要功成名就。但这些书生原本就是饱学之士，非常有才华，也做了很多年的准备，却无法通过正常途径考中科举，而要靠这些非常荒诞的方式获取功名。最后两个小故事中，书生落榜同样也是由外力所致，而不是因为他们水平不够。当书生们在科场上的成就动机和努力奋斗频繁受挫，造成的创伤以及形成的情结已经具有相当的普遍性时，小说家才会将它们以夸张的方式集中呈现在作品中。梦、祖先、神灵等的预示和相助情节，看似荒唐甚至有些戏谑，却是作家在无意识的支配下，以艺术手法对这种集体创伤进行疗愈的一种尝试。

《警世通言》卷十八《老门生三世报恩》，讲述了鲜于同八岁时就以神童闻名乡里，长大后更是"胸藏万卷，笔扫千军"，只是一直困于科场。直到五十七岁，鬓发都苍白了，还跟年轻的书生们一起读书作文，被人视为怪物望而避之，还常常被人捉弄嘲笑，但"其志愈锐"，仍然坚持上考场与这些年轻人竞争。兴安县的知县蒯遇时无意中提拔了他，但当发现他是一个糟老头子时，立刻又羞又怒，后悔不迭。不过，鲜于同的科考之途却因为这位嫌弃他衰老的知县而变得顺畅起来。接下来的乡试中，蒯公阴差阳错又选中了他，这样他就中了举人。三年后，他又一次赴京参加会试：

光阴荏苒，不觉转眼三年，又当会试之期。鲜于同时年六十有一，年齿虽增，矍铄如旧。在北京第二遍会试，在寓所得其一梦。梦见中了正魁，会试录上有名，下面却填做《诗经》，不是《礼记》。鲜于同本是个宿学之士，那一经不通？他功名心急，梦中之言，不由不信，就改了《诗经》应试。

　　蒯遇时为人耿直，虽然厌恶鲜于同这个老怪物，但是不愿亲手断送他的前程，估摸着他做的是《礼记》卷，就改看《诗经》卷。结果偏偏鲜于同就做了《诗经》，而且被他列为第十名正魁！听了鲜于同讲述了他的梦之后，蒯公不由得连声感叹："真命进士，真命进士！"鲜于同三十多年都与功名擦肩而过，却在六十一岁时因梦而幸运挤入仕途。他几次考试都很富有戏剧性，如果不是蒯遇时慧眼识珠，发现他的文才，他是不可能考中的。鲜于同多年来仕途蹭蹬，晚年却加官进禄，安享富贵生活。而蒯遇时祖孙三代也都先后受到了他的帮助和庇护。小说勉励士子们不要因为少年得志而骄傲自满，也不要因为年已及艾而自暴自弃。

　　"三言二拍"的作者冯梦龙一生科场失意，直到六十一岁时才出任福建寿宁知县；凌濛初十八岁补廪膳生，后来与仕途无缘。他们在冷酷的社会现实面前一度无法施展自己的抱负，只能诉愤懑于笔端，将心中的"科举梦"和"功名梦"寄托于小说。同时，"三言二拍"的阅读者主要是市井百姓，他们读小说是为了愉悦身心，而追求功名富贵更符合他们的接受心理。这类由作家精心整理、创作的描述集体创伤和情结的小说很受读者的青睐。

三、皇帝的梦与书生的功名

　　"三言二拍"中的部分篇目着重描写了一些不得志的书生，在梦境中得到神灵的眷顾，在现实中果然应验，博取功名，受到皇帝和重臣的赏识。也有些是皇帝梦到贤臣降临，辅佐江山。小说中的主人公多是科场受挫，或者虽有经天纬地之才，但没有受到赏识和重用，郁郁寡欢。小说借助梦境委婉地照应现实，为书生将来仕途的显达埋下伏笔。作者通过描写功名梦，与现实的失意形成对比，试图通过为小说中的主人公圆梦，即获取功名和地位，来补偿和抚慰自己内心的失意与创伤。

《警世通言》卷六《俞仲举题诗遇上皇》，俞良辞别妻子和亲友千里迢迢赴京城临安赶考，不幸的是，他途中病了半个月，"身边钱物使尽，只得将驴儿卖了做盘缠。又怕误了科场日期，只得买双草鞋穿了，自背书囊而行。不数日，脚都打破了，鲜血淋漓，于路苦楚"。终于到了杭州，顺利参加完科考，"指望一举成名，争奈时运未至，门龙点额，金榜无名"。穷困潦倒之时，在茶坊偶遇算命先生，说他不久将遇贵人发迹。但当时他已身无分文，请算命先生喝茶的钱都付不起，客栈老板娘也想尽办法要赶他走。离开客栈，走投无路的俞良糊里糊涂地进了一家高档酒楼，在里面大吃大喝一顿，在包间的墙上写了一首词《鹊桥仙》，准备悬梁自尽。酒楼怕闹出人命，只好派人把他送回客栈。就在俞良闹得不可开交的当晚，做了太上皇的宋高宗夜里忽然做了一个梦：

再说俞良在孙婆店借宿之夜，上皇忽得一梦，梦游西湖之上，见毫光万道之中，却有两条黑气冲天，竦然惊觉。至次早，宣个圆梦先生来，说其备细。先生奏道："乃是有一贤人流落此地，游于西湖，口吐怨气冲天，故托梦于上皇。必主朝廷得一贤人。应在今日，不注吉凶。"上皇闻之大喜，赏了圆梦先生。遂入宫中，更换衣装，扮作文人秀才，带几个近侍官，都扮作斯文模样，一同信步出城。

巧合的是上皇也进了那家酒楼，并看到了俞良题在墙上的词，深受触动，就派人找到怀才不遇的俞良。最后，俞良被皇帝宋孝宗授官成都府太守，并赐白银千两，前呼后拥，荣归故里。

九五至尊的宋高宗与落魄的秀才几乎不可能发生交集，是梦境在穿针引线，暗示此人是个有才华的贤人，为后来高宗寻找落魄才子提供了线索。宋高宗正是借助梦境暗示，并及时采取行动，与书生神遇于酒楼，满足了书生的功名愿望，使这位落魄的才子能够有机会展露才华、施展抱负。书生的"功名梦"在梦境与现实的交融中，为命运增添了戏剧化的色彩。这个梦有点像我们前面谈到的应梦贤臣，只不过，前文的傅说、姜子牙等人在遇到君主之前的经历富有传奇色彩，而这里的"贤臣"是通过科举产生的，他们的身份是落榜的秀才，他们在科考的路上历尽艰辛、饱尝屈辱。这些悲惨经历在俞良的几首词中有着充分的体现。俞良在西湖边上显贵人士出入的丰乐酒楼大吃大喝一顿，只为了做一个饱死鬼，身上只有两贯钱的他根本无力支付五两银子的饭钱，墙上题下的《鹊桥仙》是他计划中的绝笔：

来时秋暮，到时春暮，归去又还秋暮。丰乐楼上望西川，动不动八千里路。

青山无数，白云无数，绿水又还无数。人生七十古来稀，算恁地光阴、能来得几度！

秋去秋又来，他远离亲人和家乡已经整整一年，功名无望，身上的盘缠早已花光，又被客栈老板娘撵出来，家乡远在八千里之外，没有外力帮助，他一个文弱书生，根本不可能返回家乡。虽然对人生充满留恋，年仅二十五岁的他在无奈之中也只能选择轻生。在第二次被老板娘逐出并被"押送"上路时，他又写了一首《鹊桥仙》：

杏花红雨，梨花白雪，羞对短亭长路。东君也解数归程，遍地落花飞絮。

胸中万卷，笔头千古，方信儒冠多误。青霄有路不须忙，便着辆草鞋归去。

他回不了家乡，客观上是因为没有盘缠，主观上却是因为未考取功名，羞于面对亲友。再次被撵出，却不好再自杀一次，毕竟还年轻，将来还有机会，感叹着怀才不遇和"儒冠多误"，他也只能踏上归程。上皇的一个梦却让他的命运出现了戏剧性的大转折。在被召见并被承诺封官加爵时，受宠若惊的俞良当场写了一首《过龙门令》：

冒险过秦关，跋涉长江，崎岖万里到钱塘。举不成名归计拙，趁食街坊。

命蹇苦难当，空有词章，片言争敢动吾皇。敕赐紫袍归故里，衣锦还乡。

跋山涉水、旅途艰辛、落第后的失落和遭人白眼等所有的苦难在"敕赐紫袍归故里，衣锦还乡"的这一刻都得到了化解和补偿。

《喻世明言》卷十一《赵伯昇茶肆遇仁宗》也是一篇落第文人遇到皇帝赏识而发达的故事。成都书生赵旭拜别双亲赴东京赶考，大考结束后胸有成竹，自觉必定入围三甲。宋仁宗对他的文章确实很欣赏，但在面谈时，因为一个字的写法和皇帝发生不愉快。他预感"'唯'字曾差，功名落地"。金榜贴出后，果然没有他的名字。于是他"吁嗟涕泣，流落东京，羞归故里"，期待来年再考。仆人弃他而去，盘缠也用完了，他流落街头，靠与人作文写字谋生。

冯梦龙　吴华光绘

转眼一年过去了，高高在上的仁宗早已淡忘了赵旭这个不知进退的书生，也忘记了自己因为一字之争就废黜了他的功名。但他做了一个很奇怪的梦，梦中出现了九轮红日。

光阴荏苒，不觉一载有余。忽一日，仁宗皇帝在宫中，夜至三更时分，梦一金甲神人，坐驾太平车一辆，上载着九轮红日，直至内廷。猛然惊觉，乃是南柯一梦。至来日，早朝升殿，臣僚拜舞已毕，文武散班。仁宗宣问司天台苗太监曰："寡人夜来得一梦，梦见一金甲神人，坐驾太平车一辆，上载九轮红日，此梦主何吉凶?"苗太监奏曰:"此九日者,乃是个'旭'字,或是人名,或是州郡。"仁宗曰:"若是人名,朕今要见此人,如何得见?卿与寡人占一课。"原来苗太监曾遇异人,传授诸葛马前课,占问最灵。当下奉课,奏道:"陛下要见此人,只在今日。陛下须与臣扮作白衣秀才,私行街市,方可遇之。"仁宗依奏,卸龙衣,解玉带,扮作白衣秀才,与苗太监一般打扮。出了朝门之外,径往御街并各处巷陌游行。将及半晌,见座酒楼,好不高峻!乃是有名的樊楼。

仁宗听从苗太监的建议,与他一起打扮成白衣秀才,走遍大街小巷,去寻找这位梦中出现的奇人,最后在一家茶肆中找到了赵旭。一番试探之后,仁宗感觉赵旭已经彻底悔悟并对自己当初对他的废黜没有丝毫怨言,就决定顺应梦中神的旨意,给他功名富贵,"授西川五十四州都制置","从此西川做官,兼管军民"。

此梦与《俞仲举题诗遇皇上》有很多相同点。做梦者都是高高在上的天子,他们的梦都与落魄的贤人相关,解梦者都是皇上身边的近臣。这两篇小说都是才子最初命运不济,处处碰壁,渴望得到皇帝的重用,最终皇帝借助梦的提示,让他们能够一展鸿才,实现自己的功名愿望。这类功名梦侧重皇帝对才子的赏识与提拔。俞良和赵旭都是贤达的书生,前者"日夜勤攻诗史,满腹文章"。后者"自幼习学文章,《诗》《书》《礼》《乐》一览下笔成文,乃是个饱学的秀才"。可见,二人都是满腹文章,才学八斗。只因时运未到，虽有才能，却埋没于众生之中。幸运的是宋高宗和宋仁宗都在梦中得到了神灵的指点，解梦先生又及时解答了梦境的象征意义，两位天子也算是开明，慧眼识英雄。"三言"中这两篇关于功名梦的文章体现了统治者借助超自然的"梦"来搜寻那些失落在民间的有志之士，使作品充满了神秘朦胧的特征。

当正常的科举之路受到阻碍时，那些饱学之士的出仕和升迁就需要另辟蹊径。最高统治者除了通过设置科举考试选拔人才，对于那些仕途失意的贤人，则采取特殊的措施予以照顾。古代社会设置了占梦的官职，对于梦中神灵的暗示，皇帝会通过占梦的形式来迎合神的旨意，从而维护自己的统治。但是，时过境迁，靠帝王占梦选拔人才来实现贫寒士子的功名仕途，在明清时期大概只存在于小说之中，或者出现在他们的梦里。

不过与第二章中的帝王相比，小说中的这些皇帝的格局和境界则几乎不可同日而语，他们会因为一个字的写法而与考生斤斤计较，甚至因此废黜其视为生命的功名。这类故事中，皇权的傲慢和专横，书生的卑微和低贱，二者的冲突和对峙增加了小说的戏剧性，也强化了命运的无常和虚幻感。明中后期到清代，科举一方面仍然是中下层士子和普通百姓的文化情结，另一方面成了皇帝和统治阶层控制广大知识分子的工具。统治阶级"非不知八股为无用，而牢笼志士，驱策英才，其术莫善于此"（《满清稗史》）。

第三节 魂断科场：自嘲之梦

蒲松龄的大半生都在按时参加科举考试，从未放弃过对功名的追求。直到康熙四十一年（1702 年），蒲松龄已六十三岁高龄，仍参加了乡试，可惜又以失败告终。这以后他因年迈退出考试，却将希望寄托在儿孙们的身上。他对科考的热情和思考也集中反映在他的文言短篇小说集《聊斋志异》中。该书半数以上的篇目的主人公都是书生，故事内容也直接或间接与科举有关。在写狐鬼花妖的篇目中，大部分开篇就是书生半夜在荒宅、寺院或深山中读书，遇到一位风姿绰约的绝世佳人或风流倜傥的翩翩公子，开始了一段爱情或友情，之后在科举仕途或振兴家业等方面获得了很多帮助。比如《红玉》，冯相如与狐女红玉的自由恋爱遭到父亲的激烈反对，二人不得不分手。善良、豁达的红玉在分手时为心上人准备了一笔钱，安排了一门婚事。不久相如的妻子被恶棍看上，上门强抢，妻子自杀，父亲被气死，冯相如也身陷牢狱。红玉不计前嫌，收养了他的孩子。相如出狱后，红玉返回冯家，帮助他料理家事，鼓励他安心读书，并找关系恢复了他的书生身份。最后他考取了功名，夫贵妻荣。其他还有很多类似的故事，如《凤仙》等。除此之外，另有多篇以科举功名为主要内容的故事，如《王子安》《于去恶》《司文郎》《贾奉雉》《考弊司》《叶生》《三生》等。作者从一个科场失意者的角度审视着这个延续了一千多年的人才选拔制度，揭示了其中的种种弊端。

客观地说，自隋朝开始试行，到唐太宗时代逐步定型完善的科举制度，在当时具有一定的进步意义。因为科举制度毕竟相对于门阀制度更开明，给了寒门学子希望，让他们有了公平竞争的机会。但是，一考定终生的选拔方式，本身就具有不合理性，因为偶然因素太多，人为干扰太多。况且考试规定的儒家经典又决定了以死记硬背为主要备考方式，限制了学子的思想和才情。虽然历代采取了不少补救措施，如唐代的"明经科"（狄仁杰就是明经科出身）、清初的"博学鸿词科"等，但是都不能弥补其与生俱来的缺陷。到了明朝后期，科场腐败已经到了千夫所指的地步。顺治十四年（1657 年）的"丁酉科场案"和康熙五十年（1711 年）"辛卯科场案"，这两起南北科场案震惊全国，造成了极其恶劣的社会影响，一大批涉事官员被斩杀、革职或流放。而蒲松龄作为一个科场失意者，自然对科场的种种弊端深恶痛绝。

科场弊端主要有"泄题""请人代考""好坏不分"等。"泄题"的现象非常严重，据说雍正亲自出题，锁入金匮之中，仍然被泄露，此弊真是达到了无孔不入的地步。至于"请人代考"，只要里外串通，方便可行，历朝都有。而"好坏不分"则是更为隐蔽和深层的问题。

一、被嘲弄的王子安

王子安是一个困于场屋的名士。临近放榜，他痛饮大醉，梦中被狐狸戏弄，谎报他已经考中了举人、进士，还被点了翰林。半梦半醒中的王子安欣喜若狂，人与狐之间上演了一出令人啼笑皆非的闹剧（《聊斋志异》卷九）。

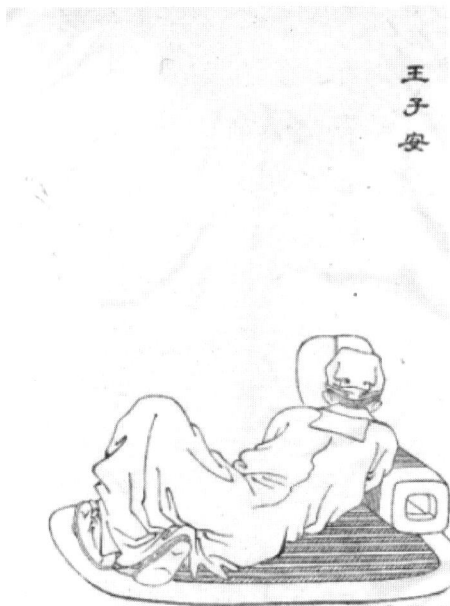

王子安

　　王子安，东昌名士，困于场屋。人闱后，期望甚切。近放榜时，痛饮大醉，归卧内室。忽有人白："报马来。"王踉跄起曰："赏钱十千！"家人因其醉，诳而安之曰："但请睡，已赏矣。"王乃眠。

　　俄又有入者曰，"汝中进士矣！"王自言："尚未赴都，何得及第？"其人曰："汝忘之耶？三场毕矣。"王大喜，起而呼曰："赏钱十千！"家人又诳之如前。

　　又移时，一人急入曰："汝殿试翰林，长班在此。"果见二人拜床下，衣冠修洁。王呼赐酒食，家人又绐之，暗笑其醉而已。

　　故事的发生有两个条件：第一，王子安对考上科举怀有迫切期望；第二，王子安的醉酒。在心理和生理的共同作用下，人便容易做梦或产生幻觉，喜欢恶作剧的狐狸正是掌握了王子安当时的这种状态才现身捉弄他的。但醉梦中的王子安也并非完全没有意识。狐狸第一次大喊报马时他很高兴，不假思索就让家人赏钱。而到了第二次，狐狸说他中了进士的时候，他有些怀疑：还没有参加殿试，怎么就中了进士呢？但是因为家人和狐狸一起骗他，他就相信了。既然都中了进士，进翰林院做官也是水到渠成、理所当然，所以当衣着整洁的人自称是跟班来伺候他时，他就深信不疑了。

　　梦终究是梦，谎言是如何被揭穿的呢？

　　久之，王自念不可不出耀乡里，大呼长班，凡数十呼，无应者。家人笑曰："暂卧候，寻他去。"

又久之，长班果复来。王捶床顿足，大骂："钝奴焉往！"长班怒曰："措大无赖！向与尔戏耳，而真骂耶？"王怒，骤起扑之，落其帽。王亦倾跌。

好不容易金榜题名，入了翰林，一定要出去炫耀一下，让亲友们知道，也算给自己数十年的寒窗苦读一个交代。王子安想让跟班的赶快过来伺候他更衣。可此时跟班的却不见了踪影。

妻入，扶之曰："何醉至此！"王曰："长班可恶，我故惩之，何醉也？"妻笑曰："家中止有一媪，昼为汝炊，夜为汝温足耳。何处长班，伺汝穷骨？"子女皆笑。王醉亦稍解，忽如梦醒，始知前此之妄。然犹记长班帽落，寻至门后，得一缨帽如盏大，共疑之。自笑曰："昔人为鬼揶揄，吾今为狐奚落矣。"

整个过程中，虽然王子安醉了，但他的家人非常清醒。对于王子安醉梦中的要求，他们的态度和反应开始时是"诳而安之""暗笑其醉而已"。家人理解王子安渴望考中的心情，也知道他喝醉了，就用善意的谎言来安慰他。最后，见他闹得实在厉害，他的妻子就出面发话了：家里就我一个老太婆天天伺候你吃喝，就你一个穷书生，哪有什么长班伺候？孩子们听了也都笑父亲醉得太离谱。这么折腾一番，王子安的酒醒得差不多了，进士梦也醒了。要为自己刚才的荒唐行为找个台阶下，刚好又在门后面找到了一个茶盅大的小帽子，就自嘲道：以前听说有人被鬼揶揄，我现在却被狐狸戏弄了！

王子安醉梦中被狐狸戏弄的情节有点类似癔症发作，是一种典型的被科举情结控制，暂时替代自我意识的反应。情结就好比一个人较小的二级头脑，尽管不为意识所知，其运作的企图却故意与个体的意识企图相反。癔病症状就是那些相反企图的产物。症状源于情结，情结自主性越大，症状越强烈、越顽固。荣格认为"所有种族关于癔病以及精神病患者皆被'鬼魂附身'的迷信，在构想上是正确的。事实上，这些病人有自主的情结，有时会完全毁掉自我控制。因为情结控制的行为独立于自我并强加给自我一个几乎外来的意志，因此当迷信被指为'鬼魂附身'时，这个迷信是有道理的"。附体王子安的"鬼魂"正是科举这个具有很强自主性的情结。王子安临放榜前醉酒，意识对自我的控制大大减弱，而内心深处对功名仕途的渴望被释放出来，科举情结冒出来支配他的思想和行为。小说中，狐狸精只是洞悉了王子安内心强烈的渴望，并利用了他的醉酒，导演了这场恶作剧。其剧本的创作者其实是王子安本人，他的家人善意地配合并参与了这场演出。

如此情况，当局者痛哭欲死，而自旁观者视之，其可笑孰甚焉。王子安方寸之中，顷刻万绪，想鬼狐窃笑已久，故乘其醉而玩弄之。床头人醒，宁不哑然失笑哉？顾得志之况味，不过须史；词林诸公，不过经两三须史耳，子安一朝而尽尝之，则狐之恩与荐师等。

当局者痛苦万分，家人只能陪伴，狐狸的戏弄也并没有恶意。鬼魂也好，狐魅也罢，都不能左右人的意识，它们只是善于发现人们内心最隐蔽的欲望——个人以及某个群体的无意识，用它来开个玩笑。这个欲望其实在当时的社会中非常具有普遍性，就是穷书生的功名利禄梦，是底层知识分子企图靠科考改变自己和整个家族命运的强烈呼唤。明清时期，科举考试制度已经比较固定，一个士子要参加的考试有院试、乡试、会试和殿试等，任何一个环节稍有差池，都可能耽搁好几年。很多人为了通过乡试考中举人都要熬上很多年，更不用说通过会试，上金殿考进士了。为了培养一个举人或进士，很多家庭都是举家支持。面对亲人殷切的期望，背负着如此沉重的压力，即使是官宦子弟都不堪重负，更不用说一般的读书人了。年复一年的失败给这个群体造成了巨大的创伤，而他们的科举情结也愈发浓重。

篇末蒲松龄细致地描摹了书生入闱前后的七种状态：才入考场似乞丐、点名入场似囚徒、考试期间似冷蜂、考完出场似病鸟、等待结果时像被捆着的猴子、落榜后像中毒的苍蝇、决定重考时又像破卵的鸠鸟。这些比喻如此生动形象，真是神来之笔。不过细细品味，其中的辛酸和无奈实在令人不忍。作者以一种戏谑、夸张的手法嘲讽那些执着于科场的秀才，何尝不是一种自嘲？

二、惺惺相惜的人鬼情

物以类聚，人以群分。在备战科考的过程中，一些志同道合的士子培养出了深厚的友谊，这些友谊有时是跨越时空、超越阴阳两界的。如《司文郎》中的王平子和宋生，《于去恶》中的陶生与于去恶和方子晋。

《司文郎》插图①

---

① 广百宋斋编绘：《聊斋志异图咏》，武汉：湖北美术出版社2016年版。

山西平阳府的秀才王平子，大比之年，到北京参加顺天府的乡试，在报国寺里租了一间房子住下来。一天，有一位少年宋生到报国寺游玩，身穿白衣，头戴白帽，看上去气宇非凡。王平子主动跟他交谈，少年言谈诙谐，妙趣横生。王平子对他十分敬重，从此二人成为朋友。王平子发现宋生满腹经纶、文采斐然。在宋生的指点下，王平子的文章进步很快。王平子非常感激，以老师之礼相待，每次都让仆人做蔗糖水饺给宋生吃。两人的感情日益投合。不久，乡试发榜了，文章深受宋生和瞎和尚赞赏的王平子名落孙山，而作品让瞎和尚闻了忍不住呕吐的余杭生却榜上有名。

在宋生的指点下，王平子找到了祖父在寺院中留下的一笔遗产，有了充足的财力保障，他决定留在京城参加第二年的乡试。但很不幸的是，王平子竟因违反考场规则被取消了考试的资格。宋生知道后大哭起来，向王平子诉说了自己的身世和经历。原来宋生早已死去，是一个游魂。少年时代他就才华横溢，却一直不得志，连连落第。后来遇到李自成攻陷北京，意外死于战乱。死后到处漂泊，幸亏遇到了知音，宋生希望尽量帮助王平子参加科考，让好友帮自己实现生前的夙愿。听完这番话，王平子也感动得泪流满面。

宋生满腹锦绣文章却生不逢时死于战乱。令人欣慰的是，他在阴间得到了孔夫子的欣赏、支持，最后还是被上帝和阎罗王录用，做了司文郎。而阳间的王平子却屡屡落榜。文中瞎和尚感慨说，我和尚的眼睛瞎了，但是鼻子没有瞎。这些判卷的官员不但眼睛瞎了，连鼻子也瞎了。阅卷的考官好坏不辨、香臭不分，又有泄题、漏题之弊。真正有才学的士子只能望科场而兴叹了。宋生死不瞑目，活着的王平子最后只能以命运不济为由，自我安慰。

一夜，梦宋舆盖而至，曰："君向以小忿，误杀一婢，削去禄籍；今笃行已折除矣。然命薄，不足任仕进也。"

不久，王平子考取了举人；第二年，又考中进士。他终于替挚友完成了心愿，却没有去做官。

《于去恶》描写了陶圣俞和鬼书生于去恶、方子晋三人之间的交往和友谊，并通过于、方二人之口穿插叙述了阴间考场和官场的阴暗面与肃清的事件，以影射现实。

北平书生陶圣俞，在赴乡试的途中，住在省城郊外一家旅店里。散步时偶遇书生于去恶，谈得投机，就邀他与自己同住。于生不像一般人那样读书，而是把书烧成灰，吃到肚子里。这一古怪的行为引起了陶生的注意，在他的一再追问下，于生告诉他自己是鬼，并谈到阴曹中以考试任命官吏，上帝为了慎重起见，要求无论什么样的官吏，都要进行考试。凡文采好的便录用为考试官，文理不通的就不录用了。陶生听了非常向往。参加完阴间七月十五日（中元节）的大考之后，于生带来了一位风流潇洒的少年鬼书生方子晋，两人看起来都很愤怒，因为原定的正直、富有才学的主考官文昌星被调任都罗国封王，换成一些昏聩无能的人来主考。揭榜后，文章做得很好的于生居然落榜了。不久，桓侯张翼德巡视阴间的科考录取情况，发现很多不公平，一怒之下扯碎了地榜，重新评定了录取名额和名次。这次，于生被录用，并被任命为交南巡海使。很快，于生要走马上任了，走之前提出了一个请求："子晋孤无乡土，又不忍恝然于兄。弟意欲假馆相依。"陶生早已与方子晋结下了深厚的友谊，自然欣然应允，并以"同榻"邀之。

《于去恶》插图之《三分泣别》

考试结束后，陶生回到家乡，问家人子晋有没有到家里来。他的父亲就给他讲了一个梦。

先是陶翁昼卧，梦舆盖止于其门，一美少年自车中出，登堂展拜。讶问所来，答云："大哥许假一舍，以入闱不得偕来。我先至矣。"言已，请入拜母。翁方谦却，适家媪入曰："夫人产公子矣。"恍然而醒，大奇之。是日陶言，适与梦符，乃知儿即子晋后身也。

子晋在阴间考场上因不满昏庸之人做主考官，考试中途退出；因与陶生相交甚笃，就转世投胎做了他的弟弟，与他再续兄弟情谊。等陶生的弟弟长到八九岁的时候，神情眉目和子晋几乎一模一样。陶生又考了两次，都没有考中。丁酉年，考场作弊事件被揭发，考试官大多数被诛杀或贬职，考场中的营私舞弊得到肃清，这是桓侯下界巡视的结果。下一科陶生中了副榜，接着成为贡生。不过陶生此时对前程已经心灰意冷，便隐居乡间，一心一意教小弟弟读书。科场的公正竟然要靠神灵下界来维护！在弊端百出的科举选才制度面前，真正有才华的人往往被埋没，没钱没势也无门路的书生干脆就不再痴心妄想了。

小说中陶父的梦是一个非常重要的情节：它是前面陶生与方子晋友情交往自然发展的结果，使得子晋投胎的身份得到了确认；又是下文发展的基石，陶生为这种情谊所感动，不惜放弃自己的前途，助弟成名。这种手足之情是友情的升华，因为有了血缘的关系，又比友情更浓烈。这篇小说对友情的描写，正反映了作者在功名无望后寻求知己的心理。

三、主动隐退的吴青庵

《白于玉》中，书生吴青庵，年少有才。葛太史非常欣赏他的学识，常邀请他到自己家中做客，谈论诗文，并答应等他考取功名，就把自己美丽的女儿嫁给他做妻子。吴生乡试没中，就托人带话给太史"富贵所固有，不可知者迟早耳。请待我三年，不成而后嫁"。之后吴生便更加刻苦努力地研习八股文。当时他还是意气风发，志在必得。

在一个月明之夜，吴生结识了一位白皙瘦弱的秀才白于玉，与他成为莫逆之交。在吴生的盛情邀请下，白生搬过来和他一起住。从此以后，两人朝夕相伴，互相研讨学问，各有收益。白生谈吐不凡，但无心功名，读的书都是一些关于神仙长寿之类的。白生辞别后，吴生因想念他，在他的床上睡了一觉，做了一个神奇的梦。梦中白生的书童带着他，先进入天门，经过广寒宫，最后到了白生的住处，受到了热情款待。筵席中有众多美女斟酒歌舞伺候，他禁不住对这些绝色仙女心驰神往。善解人意的白生安排他与紫衣女子同床共枕，结为夫妇。天亮之前，吴生被遣送出来。惊醒后，他发现有件东西掉在床上，一看，竟然是紫衣女子赠送的金镯子，心里好生奇怪。一年多以后，他又做了一个梦：

过十余月，昼寝方酣，梦紫衣姬自外至，怀中绷婴儿曰："此君骨肉。天上难留此物，敬持送君。"乃寝诸床，牵衣覆之，匆匆欲去。生强与为欢。乃曰："前一度为合卺，今一度为永诀，百年夫妇，尽于此矣。君倘有志，或有见期。"

醒来后，发现身边真的有个男婴。此时他已经对功名失去了兴趣，有了儿子，也不想再娶亲了，只想求仙访道，逍遥自在。但太史的女儿坚持嫁了过来。她为婆婆养老送终，并养大了他和神女的儿子。吴生在母亲去世后就消失了。

儿子梦仙长大后，聪明过人，十四岁中了秀才，十五岁选了翰林。后来，梦仙奉旨去祭南岳，路上碰到一伙强盗，正在危急之时，来了一个持剑的道士，帮他解了围。道士不肯要赏银，只拜托他转交一封信给故人王琳。王琳是他的养母琳娘，道士其实正是他的父亲吴生。信里面装了一颗吃了能够成仙的药丸，以报答她"葬母教子"的贤德。

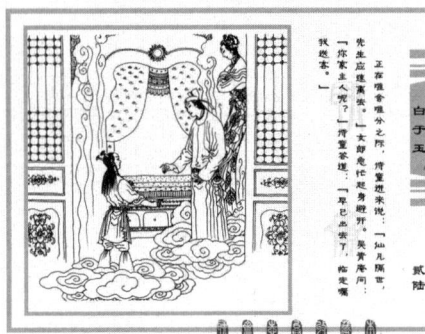

《白于玉》插图

才子吴青庵原本热衷于科场，向往在取得功名之后，迎娶葛太史的女儿。但遇到仙人白于玉之后事情就有了变化。两场梦之后，"洞房花烛夜，金榜题名时"对他完全没有了吸引力。为母亲养老送终之后，他就离开了尘世，去找好友白于玉和他的神仙妻子了。既然科考没有把握，官场也是变幻莫测，不如遁迹尘世，世外有挚友，世外有仙姝，更有无限的自由和永恒的生命。但小说中，如果没有妻子琳娘抚养他的儿子，他也不可能走得这么潇洒。而他的儿子科场和仕途又非常顺利，这对他而言何尝不是一种补偿呢？其实说穿了，主人公吴生，或者作者蒲松龄内心并没有完全对科举灰心。他们还保留了一些幻想，希望情况能够有所好转，他们的子辈、孙辈能够迎来好运气。这篇《白于玉》明显受到了唐传奇《枕中记》的影响。

《续黄粱》则是新时代版本的黄粱一梦了。福建举人曾某考中了进士，与几个同科进士一起到郊区游玩。寺庙里的一个算命先生为了奉承他，说他能做二十年的宰相。大家也都跟着戏称他"宰相"。曾某心高气盛，得意忘形。外面下着大雨，他就在一个老和尚的床榻上睡着了，做了一个经历了阴阳两界、两世人生的梦。

第一世：他是皇帝极为信赖的太师，拥有自主任免、提拔三品以下官员的权力。他住的是雕梁画栋、极为壮丽的豪华官邸，整天沉溺于歌舞声色中。大小官员对他趋之若鹜，唯恐巴结不到、伺候不周。他凭借手中的权势，收受贿赂、卖官鬻爵、欺男霸女、结党营私、排除异己，几乎无恶不作。

随后他被以龙图学士包公为首的官员告发，在被贬谪的途中，他死于强盗之手。在阎王那里，他受到了炸油锅、上刀山、喝铜水等各种最残酷的处罚。

第二世：他投胎后，成为一个乞丐家的女儿。吃不饱、穿不暖，从小跟着家人沿街乞讨。十四岁时被卖给一个秀才做小老婆，常常被大老婆辱骂毒打。后来丈夫被强盗入室杀死，她又被诬告为串通奸夫谋杀亲夫，被判凌迟处死。在被行刑的时候，她胸中冤枉之气堵塞，大跳着喊冤屈，觉得这样的人世间比十八层地狱还黑暗。此时曾某惊醒：

正悲号间，闻游者呼曰："兄梦魇耶？"豁然而寤，见老僧犹跏趺座上。同侣竞相谓曰："日暮腹枵，何久酣睡？"曾乃惨淡而起。僧微笑曰："宰相之占验否？"曾益惊异，拜而请教。僧曰："修德行仁，火坑中有青莲也。山僧何知焉？"曾胜气而来，不觉丧气而返。台阁之想，由此淡焉。后入山，不知所终。

梦醒后，他对第一世的盛气凌人、不可一世的身份大概已经忘得差不多了，而在阴间所受的惩罚、第二世经历的苦楚和遭受的冤屈他应该是历历在目、记忆深刻，哪里还敢再留恋功名富贵。

《戴敦邦聊斋人物谱》之《续黄粱》

老僧在小说中起到了入梦和点化的作用。曾生新中进士，又被大家奉承，难免得意忘形，各种欲望开始膨胀。在僧人的床上一睡着，进入梦境，他期待的高官厚禄、权势地位、为所欲为等全部实现。而到了阴间之后，他犯下的罪行，都被揭发并受到相应的惩罚。我们看一下阎王对他的控诉：

> 王者阅卷，才数行，即震怒曰："此欺君误国之罪，宜置油鼎！"……
>
> 王又检册籍，怒曰："倚势凌人，合受刀山狱！"……
>
> 王命会计生平卖爵鬻名，枉法霸产，所得金钱几何。即有鬓须人持筹握算，曰："三百二十一万。"王曰："彼既积来，还令饮去！"

"欺君误国""倚势凌人""卖爵鬻名，枉法霸产"……科举考试层层选拔，选出来的竟是这种祸国殃民之人！这揭露了一个更为深层的问题：科考制度，只看考试成绩，却忽略了对人的品行和道德的考核。

小说的巧妙之处还在于对带着记忆的第二世的安排。如果只有阴间的刑罚，没有轮回后经历的痛苦和冤屈，曾生醒来后的觉悟未必那么彻底。因为一般人都认为，活着能享福就行，死了之后受苦也没关系，喝了孟婆汤就什么都不记得了。这些情节和阴间的受罚都体现了作者因果报应的思想，从心理学的角度可解释为阴影对人的影响和破坏。

考取功名不容易，为官后要洁身自好更难。当人难，做鬼也难。那么，不如遁入深山，断绝所有欲望。吴青庵和曾生都以隐遁深山实现了对科举的抗议。

第四章　爱情密码：婚恋美梦

　　无论是高贵的王侯世家，还是普通的平民百姓，爱情和婚姻都是人生必须要面对的最重要的主题。爱情如此美妙，每个人都希望演绎出属于自己的爱情故事。而梦是如此的隐蔽和富有理想色彩，因此古代的爱情小说中常常充满了梦幻的情节。但在现实中，爱情的获得在很大程度上并不是由身份的高低或财富的多寡决定的，而是取决于个体人格的成熟度、对待异性的态度、吸引心仪异性的能力，以及对爱的担当和对伴侣的守护能力。

第一节　前世姻缘的秘密：阿尼玛和阿尼姆斯

一、木石前盟的原型意义

　　曹雪芹借一通灵玉石演说《红楼梦》，贾宝玉与神瑛侍者，通灵宝玉与大荒山无稽崖青埂峰下的那块石头，小说中这四者本是一体，是主人公在不同情境中的身份。宝玉是石头，石头亦是宝玉。这一精妙的构思不过是庄周梦蝶的放大与扩展。脂砚斋在

第四十八回评曰："一大部书起是梦，宝玉情是梦，贾瑞淫是梦，秦（氏）家计长策是梦，今（香菱）做诗也是梦，一并（部）《风月宝鉴》亦从梦中所有，故曰'红楼梦'也。"又曰："《红楼梦》写梦，章法总不雷同。"

荣格指出，梦交织了个人无意识和集体无意识，当然也包括文化无意识。为了理解梦的集体无意识的意义，释梦者应该对梦中象征因素有广博的知识，包括历史、人类学、民俗学、神话学、宗教学等各方面。分析一系列的梦比分析单一的梦要有意义得多，"后面的梦可纠正我们在解释前面的梦时所犯下的错误，在系列梦中我们也更能认出重要的内容和基本的主题"。在寻求象征意义时应注意，把象征内容同意识状态联系起来，"不要把象征当作固定的符号，而应使用'放大法'"。

《红楼梦图咏》之贾宝玉

　　《红楼梦》前八十回出现的大大小小关于梦的情节有近二十处。一系列梦的穿插，在设置篇章结构、推动故事情节发展、暗示人物性格命运、表达主题内涵等方面具有十分重要的意义，尤其是与宝玉有关的系列梦。

　　第一回《甄士隐梦幻识通灵　贾雨村风尘怀闺秀》中，太虚幻境隐约一现，引出神瑛思凡下界及绛珠还泪的神话，交代了宝、黛的前世宿缘，预示了这段"木石前盟"的总体走向。神瑛侍者是因近日"凡心偶炽"，意欲下凡"造历幻缘"，绛珠仙草对神瑛"五内郁结着缠绵不尽之意"，却也只是为偿灌溉之恩。其他的"风流冤家"不过是陪他们了结此案，而且下凡前都要在警幻仙子处挂号，劫终再去"销号"。有学者考证，绛珠仙草即《山海经》中的瑶草，通灵宝玉是女娲炼石补天剩下的玉石，仙草主动下凡报恩，宝玉被一僧一道携入人间。因此人世间这一段缠绵悱恻的爱情故事，只是仙人通过实践历练惩治凡心的途径，已被涂抹上了仙界宿缘的神秘色彩，笼上了浓重的悲凉气氛。"木""石"来自仙界，却属于大自然。它们之间的关系象征着男女之间彼此欣赏、互相钟情的自然之爱。但这种超凡脱俗的爱情不为世俗所容，门当户对、皆大欢喜的"金玉良缘"才是备受欢迎的。因此宝黛虽倾心相爱，却无法摆脱以泪偿灌的命定，最后只能流尽相思血泪，空余千古遗恨。象征着至真、至情、至性的知己之爱的"木石前盟"，以毁灭告终。这一梦不仅在梦系统中起首，而且还处于整部大书之首，以明知因果的僧道冷眼旁观尘寰，显示了红尘世界在命运面前的渺小与虚幻。

按照中国传统梦理论，梦是由外邪（外部环境）、内感（内部脏相）、七情、心结四种因素纠结而成。梦的产生，既有生理病理原因，又有精神心理原因。曹雪芹写梦，将外邪、内感之生理与七情、心结之心理结合起来，将春夏秋冬之风、火、暑、湿、燥、寒与五脏六腑之心、肺、肝、脾、肾等与七情之喜、怒、思、恐、忧、惊、悲再与白日之思、念、想、见结合起来，深得中国传统梦理论之精髓。

第五回《贾宝玉神游太虚境　警幻仙曲演红楼梦》是《红楼梦》中最为著名也是最为重要的。贾宝玉进了"秦氏房中"。"刚至房门，便有一股细细的甜香袭人而来。"甲戌侧批曰："此香名'引梦香'。""宝玉觉得眼饧骨软，连说'好香！'"庚辰侧批曰："进房如梦境。""入房向壁上看时，有唐伯虎画的《海棠春睡图》。"甲戌侧批曰："妙图。"唐伯虎号"六如居士"，取人生如梦、如幻、如泡、如影、如露、如电之意。又《海棠春睡图》画杨贵妃醉态。"两边有宋学士秦太虚（秦观）写的一副对联，其联云：'嫩寒锁梦因春冷，芳气袭人是酒香。'"甲戌夹批曰："艳极、淫极。""已入梦境矣。"秦太虚，用其字称幻境。第十一回宝玉探望可卿病情，"眼瞅着那《海棠春睡图》并那秦太虚写的'嫩寒锁梦因春冷，芳气袭人是酒香'的对联，不觉想起在这里睡响觉梦到'太虚幻境'的事来"，也体现出此图、此联对其梦境的影响。曹雪芹在此处写宝玉入梦前的准备是着了很多笔墨的。脂砚斋等批书人领悟到了曹雪芹的这一用意，几乎一句一批，每批皆不离"梦"字。宝玉闻着"引梦香"，看着《海棠春睡图》，念着"嫩寒锁梦因春冷"，想着人生"如梦、如幻、如泡、如影、如露、如电"，便进入了秦"太虚"之梦境了。宁、荣二公托仙姑警示宝玉亦为平日间之"心结"，触《燃藜图》及对联"世事洞明皆学问，人情练达即文章"而发。《燃藜图》既无此图传世，亦无相关记载。宝玉"也不看系何人所画"，因为很有可能根本没此图。曹雪芹在这里虚撰一图，目的就是触动宝玉的心结。梦中仙姑所唱"寄言众儿女，何必觅闲愁"也当与此"心结"有所关联。《燃藜图》及其对联使得原本心情愉悦，到宁府赏花的宝玉喜忧参半了。除了清醒时的"思、念、想、见"之外，仍尚需外邪、内感之条件。冬季天燥，燥与干联，容易伤津，"淫于藏府（脏腑）"，便易于发梦。且宝玉梦前饮酒，时方十三岁。孙思邈《备急千金要方》云："肝藏（脏）病者……梦见人着青衣，持青刀杖，或狮子虎狼来怖人。"肝动化酒，亦有可能发梦。曹雪芹在描写此梦时，将外邪之天燥、内感之肝动、心结之念想、情绪之喜忧参半结合起来，体现了其高超的梦境描写艺术。

贾宝玉神游太虚境　王钊绘

　　从曹雪芹的初衷来看，这个梦的意象是对大观园中主要人物的前途命运进行暗示，是全书情节发展的缩影。贾宝玉之所以能够看到那些隐含着大观园众女子命运偈语的册子与图纯粹是因为荣国公和宁国公有感于家族日渐衰落，于是想通过警幻仙子的帮助来警醒宝玉，让其回到"正途"上来，重振族门。但是宿命已由天定，大观园的破败是谁也阻挡不了的。这个梦的意象无论是出于曹氏的主观意识还是在前八十回的文本中都起到了总括全书的作用。

　　下面我们对该梦境进行一个简要的荣格式的解读。荣格学派的释梦方法包括三个主要步骤：

　　第一，确切了解梦中的细节。

　　第二，获取梦者对梦中的象征和形象的自由联想，以及梦中形象的次序。

第三，在个人、文化、原型这三个层次上进行一层或多层的扩展。

此外，还要把梦放回梦者的生活脉络和他自性化的过程中去看。

关于梦的细节，小说中已有非常详细的描述，我们也不可能让贾宝玉或者曹雪芹在我们面前进行自由联想。但我们可以从文化和原型层面对它们进行扩展和解读。

荣格在分析人的集体无意识时，发现男女于无意识中，都好像有另一个异性的性格潜藏在其后。男人的女性化一面为阿尼玛（anima），而女人的男性化一面为阿尼姆斯（animus）。作为原型，阿尼玛是男性心目中的一个集体的女性形象。"阿尼玛是一个男子身上具有少量的女性特征或是女性基因。那是在男子身上既不呈现也不消失的东西，它始终存在于男子身上，起着使其女性化的作用。""在男人的无意识当中，通过遗传方式留存了女人的一个集体形象，借助于此，他得以体会到女性的本质。"即阿尼玛是从嵌在男人身上有机体上的初源处而遗传来的因素，是他的所有祖先对女性经历所留下的一种印痕或原型，是女人打下的全部印象的一种积淀。在宝玉的身上，女性的特质是很明显的，他温柔、细心，呵护身边所有年轻美丽的女性，他那一番"女儿是水做的骨肉"的言论更是惊世骇俗。第二回中，贾雨村偶遇冷子兴，二人闲谈，说到了金陵城中的甄宝玉：

（读书时）"必得两个女儿伴着我读书，我方能认得字，心里也明白；不然我自己心里糊涂。"（他父亲打他）每打的吃疼不过时，他便"姐姐""妹妹"乱叫起来，他说："急痛之时，只叫'姐姐''妹妹'字样，或可解痛也未可知。因叫了一声，果觉痛得好些，遂得了秘法，每疼痛之极，便连叫姐妹起来了。"

这里说的其实正是贾宝玉。在曹雪芹的笔下，甄宝玉和贾宝玉原本就是一个人。关于这个问题，我们将在下文中继续探讨。

阿尼玛作为一种灵魂形象，往往在男人的心情、反应、冲动以及任何自发的心理活动中扮演着特殊的角色，发挥某种既定的作用。荣格曾经描述了阿尼玛发展的四个阶段，不同的阶段有着不同的形象：夏娃、海伦、玛丽亚、索菲亚。作为夏娃的阿尼玛，往往表现为男人的母亲情结；海伦则更多地表现为性爱对象；玛丽亚表现的是爱恋中的神性；索菲亚则像缪斯那样属于男人内在的创造源泉。男人总是倾向于在某个现实的女性对象那里，看到自己内在的阿尼玛和心灵的投影。宝玉把自己内在的阿尼玛投射到大观园中的众多女子身上：王熙凤是堂嫂，受贾母影响，她也溺爱贾宝玉，她便承担了宝玉母亲层面的阿尼玛；袭人是宝玉的贴身大丫头，照顾宝玉的饮食起居，关注他的生理、心理的变化，宝玉"初试云雨情"的对象就是她，她在某种程度上是宝玉的性爱对象。

阿尼姆斯是与阿尼玛相对应的一个概念，象征着女人内在的男性成分。阿尼姆斯作为原型，指女性心目中的一个集体的男性形象，具有正反两面。反面的阿尼姆斯在神话传说中扮演强盗和凶手，甚至还会以死神的面目出现。正面的阿尼姆斯能够代表事业心、勇气、真挚，从最高形式上讲，还有精神的深邃。女人通过她能够经历的文化和个人客观层面的潜伏过程，才能找到道路，以达到关于生活的一种强化的精神态度。同阿尼玛一样，荣格也曾描述女人内在的阿尼姆斯的四个发展阶段：赫尔克里斯、亚历山大、阿波罗、赫耳墨斯，即力量、计划、指导、创造和灵感四个阶段。著名荣格学者申荷永教授在《荣格与分析心理学》中谈道："女人的阿尼姆斯出现在梦中的时候，最初往往表现为某种大力士或者运动员的形象；然后会出现计划与行动，以及独立自主的形象；接着会有类似'教授'或'牧师'等指导意义的形象；然后是充满灵感与创造的形象。"女人也会把她的阿尼姆斯"投射"到一个或几个男人身上。

　　宝、黛二人在看见对方那一刻时都觉得"倒像在哪里见过"，这种一见如故的感觉，就是在对方身上看到了自己内心的阿尼玛或阿尼姆斯原型。而这种原型在"木石前盟"中已经有了神话性的象征。神瑛侍者看见那灵河岸上三生石畔有棵绛珠仙草，十分娇娜可爱，遂日以甘露灌溉。绛珠仙草因受恩于神瑛侍者，也对他怀着莫名的感激，希望回报，这段关系就是该原型的象征。在小说中，随着故事情节的发展，这种原型及其象征被曹雪芹演绎为前世之缘、今生之约。宝玉和黛玉青梅竹马，一起长大，两人互相欣赏、惺惺相惜。宝玉深爱黛玉的才华，更爱她懂自己不肯追名逐利的出世之心。因此，黛玉是宝玉更高阶段的两类阿尼玛——玛利亚和索菲亚的投射。而宝玉则是黛玉精神的支柱，是导师、创造和灵感阶段之阿尼姆斯的投射。

第三回，黛玉进贾府后，奉贾母之命去拜见贾政夫妇。没说几句话，王夫人就警告黛玉，这儿有一个"孽根祸胎""混世魔王"贾宝玉，让她以后离他远点。"黛玉素闻母亲说过，有个内侄乃衔玉而生，顽劣异常，不喜读书，最喜在内帏厮混，外祖母又溺爱，无人敢管。"黛玉知道舅母说的正是这位表兄，就赔笑说："在家时记得母亲常说，这位哥哥比我大一岁，小名就叫宝玉，性虽憨劣，说待姐妹们极好的。"王夫人笑着说，"你不知道详情，他就是好生事、'疯疯傻傻'的，别理他、别信他就行了"。贾敏作为姑母，是从一般长辈的角度，在女儿面前对这个内侄进行描述和评价。而王夫人作为贾宝玉的母亲，在和外甥女的谈话中则流露出一个母亲对幼子本能的溺爱和对其"顽劣"的无奈，也透露出母子关系之泛泛。她并没有理解儿子，更没有对其进行精神层面的引导。贾母对贾宝玉是一个祖母对孙儿的娇宠，王熙凤及其他人等也是受此影响，才对宝玉另眼相待。如果不是宝玉在贾府地位特殊，很难想象薛宝钗会喜欢上贾宝玉。宝玉在贾府看似集万千宠爱于一身，但大家看重的只是他嫡孙的身份，并没有人去关注他的内心世界、肯定他的个性发展。所以，他是孤独的。

听到这么多关于贾宝玉的负面评价，黛玉也以为："这个宝玉，不知是怎生个惫懒人物，懵懂顽童?"但二人一见面，黛玉大吃一惊，心中想到"好生奇怪，倒像在哪里见过，何等眼熟!"宝玉也说："这个妹妹我曾见过的"，"只作远别重逢"的故友。此时小说借两首《西江月》为宝玉做了批语：

> 无故寻愁觅恨，有时似傻如狂。
> 纵然生得好皮囊，腹内原来草莽。
> 潦倒不通世务，愚顽怕读文章。
> 行为偏僻性乖张，那管世人诽谤!
> 富贵不知乐业，贫穷难耐凄凉。
> 可怜辜负好韶光，于国于家无望。
> 天下无能第一，古今不肖无双。
> 寄言纨绔与膏粱：莫效此儿形状!

愚顽、乖张、无能、不肖，这些都是世人眼中的宝玉，也是第三十三回贾政毒打宝玉的原因。而黛玉眼中的宝玉却是"天然一段风韵，全在眉梢；平生万种情思，悉堆眼角"，懂与不懂之间竟然有着天壤之别。

宝玉眼中的黛玉，"细看形容，与众各别"：

> 两弯似蹙非蹙罥烟眉，一双似喜非喜含情目。态生两靥之

愁，娇袭一身之病。泪光点点，娇喘微微。娴静时如姣花照水，行动处似弱柳扶风。心较比干多一窍，病如西子胜三分。

脂砚斋评语"奇眉妙眉，奇想妙想""奇目妙目，奇想妙想"。前面八句是宝玉眼中的黛玉，后面两句是宝玉心中的黛玉。评语还说"更奇妙之至，多一窍固是好事，然未免偏僻了，所谓过犹不及也"。林黛玉的特别之处就在于"多一窍"和"胜三分"，这与宝玉的"无故寻愁觅恨""行为偏僻性乖张"相呼应，也是二人能够心灵相通的性格和心理基础。可惜脂砚斋并没有领悟曹雪芹的用意，主观臆断，误导读者。

林黛玉①

① 吴友如绘：《吴友如画宝》，上海：上海古籍书店1983年版。

林黛玉家学深厚，林家"虽系世禄之家，却是书香之族"，林如海祖上也是列侯，而他本人却是科第出身，为进士第三名探花。黛玉从小体弱多病，对环境非常敏感。虽然她有一个哥哥，却早夭，基本算是独生女，父母把她当成掌上明珠，想尽办法为她调养身体，给她请家庭教师，把她当成男孩抚养，"假充养子"。她并没有像一般的女孩子那样学习女红、三从四德等女性必须遵守的道德伦理，而是被教养成为一个才华出众、思想独立，对生命有着深深感悟的女子。因为长期寄人篱下，又没有十分亲近的长辈护佑，黛玉变得多愁善感。而贾宝玉因为"衔玉而生"，非常特别，从小就备受大家的关注。特别是在贾母的庇护下，他得以相对自由地生长，而没有像一般的男孩子那样早早被教导为书呆子、追名逐利之人；又因为有了父亲贾政的约束，而没有像薛蟠那样被骄纵，成为纨绔子弟。他看的书都是非主流的——《庄子》《周易参同契》《春秋元命苞》《西厢记》《牡丹亭》。他的思想也是非主流的道家、墨家思想。他保留了一个有慧根的男子对生命的尊重和对美的敏感，欣赏并热爱一切美好的人和事。相似的思想与共同的价值观，让宝、黛二人在整个大观园的众多兄弟姐妹中心贴得最近。宝玉欣赏黛玉的聪慧和才华，怜惜她远离家乡、寄人篱下的敏感脆弱，理解她的多病、多愁和多泪。黛玉懂得宝玉叛逆行为背后的真性情，接纳他的愚顽、荒唐和乖张，支持他成为内心想要成为的那个自己，而不是和其他人一样用传统的价值观念——读四书五经，走科举功名之路约束他。如果说在"木石前盟"的神话中，神瑛侍者对绛珠仙草是单向的付出与呵护，在现实中，二人的关系则是互动的。他们互相理解、互相欣赏、互相支持并互生爱慕，这种心心相印的感情是坚不可摧的。

无意识的心理内容常常会在梦中出现，阿尼玛也是这样。作者让宝玉在梦中看到并聆听了暗示大观园中众姐妹命运的"金陵十二钗"册子、"《红楼梦》仙曲十二支"，就是因为宝玉对自身集体无意识中女性特质的认可。宝玉对身边年轻貌美的女孩十分疼惜和照顾，但他并不是一个好色之徒。警幻仙姑受贾宝玉的祖父荣国公之魂的托请试图警醒宝玉不要耽于儿女之情，她一方面责备宝玉"淫"，但又说"吾所爱汝者，乃天下古今第一淫人也"，并解释道"如尔则天分中生成一段痴情，吾辈推之为'意淫'"。这个意淫"可心会而不可口传，可神通而不能语达"，其实是对女子的理解、尊重、欣赏和爱护，因此"在闺阁中可为良友"。梦中，为他侍寝并对他进行性启蒙的仙姬"鲜艳妩媚大似宝钗，袅娜风流又如黛玉"，乳名却叫"可卿"。这几人都是他身边亲近的女子，此时宝玉年龄尚幼，心性未定，与黛玉之间也并没有表明心迹，她们便在宝玉的睡梦中合成一体，成了少年贾宝玉内心阿尼玛的投射。后来宝玉和黛玉逐渐长大，互相有了更加全面深入的了解，爱情也日益明确和深化，到了第三十六回，宝玉在梦中大喊："和尚道士的话如何信得？什么'金玉良缘'！我偏说木石姻缘！"这梦话正是他真实心声的流露，是对黛玉爱慕之情的直接表达。

可惜在那样的现实环境中，贾宝玉和林黛玉注定都是孤独的，只能活在前世、仙界，而不能活在现世，即使相遇、相知、相爱，也不能走到一起。木石姻缘代表的阿尼玛和阿尼姆斯相结合的爱情只能开花不能结果，这是中国婚姻文化的悲剧，是集体的悲剧，也是生命的悲剧。

二、龙凤呈祥的故事

宝玉和黛玉这对情侣虽然青梅竹马、心心相印，最终还是以一个香消玉殒、一个看破红尘的悲剧收场。与他们相比，同样有"宿缘"的另外一对恋人则喜结连理并过上了神仙生活。

弄玉与萧史在传说中是一对神仙眷侣，二人才貌相当、两情相悦，他们是通过梦相识的。弄玉是秦穆公钟爱的小女儿，容貌美丽，聪明伶俐，善于吹笙，且无师自通，技艺精湛。每每在凤凰台上吹碧玉笙，招来百鸟和鸣。到了出嫁的年龄，发誓"必得善笙人，能与我唱和者，方是我夫，他非所愿也"。秦穆公只好派人到处去寻找这样的年轻人，但一直没有找到。一天，这个人突然出现在了弄玉的睡梦中。《东周列国志》第四十七回《弄玉吹箫双跨凤　赵盾背秦立灵公》中有关于这个故事的详细记载：

忽一日，弄玉于楼上卷帘闲看，见天净云空，月明如镜，呼侍儿焚香一炷，取碧玉笙，临窗吹之，声音清越，响入天际，微风拂拂，忽若有和之者。其声若远若近，弄玉心异之，乃停吹而听，其声亦止，余音犹袅袅不断。弄玉临风悯然，如有所失。徙倚夜半，月昃香消，乃将玉笙置于床头，勉强就寝。

梦见西南方，天门洞开，五色霞光，照耀如昼。一美丈夫羽冠鹤氅，骑彩凤自天而下，立于凤台之上，谓弄玉曰："我乃太华山之主也。上帝命我与尔结为婚姻，当以中秋日相见，宿缘应尔。"乃于腰间解赤玉箫，倚栏吹之。其彩凤亦舒翼鸣舞，凤声与箫声，唱和如一，宫商协调，喤喤盈耳。弄玉神思俱迷，不觉问曰："此何曲也？"美丈夫对曰："此《华山吟》第一弄也。"弄玉又问曰："曲可学乎？"美丈夫对曰："既成姻契，何难相授？"言毕，直前执弄玉之手。弄玉猛然惊觉，梦中景象，宛然在目。

弄玉[1]

---

[1]　吴友如绘：《吴友如画宝》，上海：上海古籍书店 1983 年版。

第二天一大早，弄玉把这个梦告诉了秦穆公，秦穆公就派人到太华山上找到了那位"羽冠鹤氅"、善于吹箫的美丈夫萧史。萧史和弄玉彼此仰慕，随即结成夫妻，相亲相爱，和谐美满。一天，夫妻二人正在月下吹箫奏笙，忽见天上飞来一对龙凤。二人一个乘金龙一个跨紫凤，踏着祥云飞入空中，一起消失在茫茫的夜色中。

在这个故事中，非常有意思的是秦穆公和萧史的一段对话。萧史见到秦穆公先吹奏了三支乐曲，招来了白鹤、凤凰和百鸟起舞和鸣，秦穆公见他曲子吹得确实非常好，还想考考他的理论功夫：

穆公复问萧史曰："子知笙、箫何为而作？始于何时？"

萧史对曰："笙者，生也，女娲氏所作，义取发生，律应太簇。箫者，肃也，伏羲氏所作，义取肃清，律应仲吕。"

穆公曰："试详言之！"

萧史对曰："臣执艺在箫，请但言箫。昔伏羲氏，编竹为箫，其形参差，以象凤翼；其声和美，以象凤鸣。大者谓之'雅箫'，编二十三管，长尺有四寸；小者谓之'颂箫'，编十六管，长尺有二寸，总谓之箫管。其无底者，谓之'洞箫'。其后黄帝使伶伦伐竹于昆溪，制为笛，横七孔，吹之，亦象凤鸣，其形甚简。后人厌箫管之繁，专用一管而竖吹之。又以长者名箫，短者名管。今之箫，非古之箫矣。"

萧史侃侃而谈。笙即"生",它发出的乐声对应十二律中阳律的第三律太簇。而箫即"肃",是伏羲所作,它发出的乐声对应十二律中阴吕的第六律仲吕。女娲和伏羲是古代神话传说中的一对配偶神,女娲制作的笙能发出阳律,伏羲制作的箫能发出阴吕。笙箫和鸣能够达到阴阳互补、互相吸引的效果。箫的声音像凤鸣,能招来凤;笙的声音大概像龙啸,能引来龙。在这里,笙箫的象征意义应该是男女之间那种互相仰慕、互相吸引的天性,是一种本能。由谈乐理而引申至男女之情,还搬出了远古神话中的伏羲和女娲,萧史真是博学又聪明。秦穆公想不喜欢这个准女婿都难。

起初,精通音律的弄玉心目中已经有了一个比较清晰的择偶条件:对方一定是一个善于吹笙的人,能与她"唱和"。因为生活优渥,才貌出众,又被身为一国之君的父亲宠爱,她对配偶的要求,即她心目中的阿尼姆斯已到达创造和灵感的最高阶段。日日想念,夜夜期盼,她的阿尼姆斯萧史就真的出现了。以萧史在音乐理论和实践上的造诣,已经能够指导并引领她了。在梦中,萧史说他和弄玉之间有"宿缘",所以前来相会。这个宿缘从心理学的角度来看,指的就是弄玉长期以来对伴侣的心理预期。他们一个是王女,一个是天神,身份相当,容貌相匹,并且都对音乐有着极高的品位和追求。共同的兴趣爱好和人生追求,让他们能够心意相通、互相爱慕并结为夫妇。

小说中,萧史的才华要胜过弄玉,而弄玉除了吹笙,其美貌更为突出。他们是郎才女貌、天下无双。这大概是中国历史上第一个才子佳人型的故事。后来，人们就用"龙凤呈祥"来形容夫妻间比翼双飞、恩爱相随、相濡以沫、怡合百年的忠贞爱情。伏羲与女娲、龙与凤，在中国人的集体无意识或文化无意识中就暗含着门当户对、幸福美满的爱情和婚姻。具体来说，假如男女相遇时，互相能从对方那里找到阿尼玛与阿尼姆斯的投射，就会更容易产生爱情。比如宝、黛之间的相遇。这也是才子佳人型故事背后的心理动力。

弄玉对爱情有着美好的憧憬，对婚姻有着清醒的认知，她的父亲也可以帮助她找到她的梦中情人，过上幸福美满的生活。但更多时候，在中国的家庭教育和社会背景下，我们的婚姻文化提倡服从国家政治需要、家族兴衰要求，至少也要听从父母之命、媒妁之言，唯独不肯承认"木石前盟"这一类自发的知己之恋。所以中国古代的爱情故事鲜有圆满的结局。

第二节 梦中情人：邂逅阿尼玛

一、楚王的神女梦

楚王梦遇神女的故事也非常有名。相传楚怀王在游高唐观时累了，大白天在观中小睡，梦中一位神女愿荐枕席：

昔者先王尝游高唐，怠而昼寝，梦见一妇人，曰："妾，巫山之女也，为高唐之客。闻君游高唐，愿荐枕席。"王因幸之。去而辞曰："妾在巫山之阳，高丘之阻，旦为朝云，暮为行雨，朝朝暮暮，阳台之下。"旦朝视之，如言。故为立庙，号曰"朝云"。（宋玉《高唐赋》）

据说，巫山神女是炎帝的女儿瑶姬，美丽动人温婉贤淑，可惜刚成年没有出嫁就死掉了。"我帝之季女，名曰瑶姬，未行而亡，封于巫山之台，精魂为草，实曰灵芝。"她禀天地阴阳造化之妙，含有天地间一切之美。"其象无双，其美无极"，她的相貌容颜，无人能比，"其状峨峨，何可极言"，其状貌之美，已到了无可言说的地步。在《神女赋》中，神女贞亮清洁，意态高远，以礼自持，凛然难犯。"欢情未接，将辞而去"，楚襄王在梦中的求爱遭到了神女的拒绝。于是襄王"惆怅垂涕，求之至曙"。伤感失意之下泪流不止，苦苦等待直到天明。只是"襄王有梦，神女无心"。同样是在梦中，神女对楚怀王主动献身，对楚襄王却严词拒绝。有学者因此认为宋玉是借著述之机讽谏楚襄王应学习先王，励精图治，振兴国家。

巫山神女①

　　巫山神女是我国历史上著名的神话传说人物，最早见于《山海经·中山经》，瑶姬夭亡托身姑媱山上的瑶草，在曹雪芹的笔下又演化为林黛玉的前身——绛珠仙草。在后世各个朝代中，巫山神女成为又一个历久弥新的文学题材，被众多骚人墨客憧憬歌咏，如唐代李白"瑶姬天帝女，精彩化朝云。宛转入宵梦，无心向楚君"。杜甫"江山故宅空文藻，云雨荒台岂梦思。最是楚宫俱泯灭，舟人指点到今疑"。宋代苏东坡"上帝降瑶姬，来处荆巫间。神仙岂在猛，玉座幽且闲。飘萧驾风驭，弭节朝天关"。巫山神女成了文人雅士集体的梦中情人和阿尼玛原型意象的投射。

---

① 吴友如绘：《吴友如画宝》，上海：上海古籍书店1983年版。

巫山神女虽然美丽高贵，却可望而不可即，还是人间的女子更可亲可爱。大概与楚怀王同一时期，还有一则赵武灵王因梦成婚的故事。

十六年，秦惠王卒。王游大陵。他日，王梦见处女鼓琴而歌诗曰："美人荧荧兮，颜若苕之荣。命乎命乎，曾无我嬴！"异日，王饮酒乐，数言所梦，想见其状。吴广闻之，因夫人而为其女娃嬴。孟姚也。孟姚甚有宠于王，是为惠后。(《史记·赵世家》)

赵武灵王以胡服骑射闻名天下。他领导弱小而备受中原各国欺侮的赵国走上了中兴之路。他梦中的女子所唱之歌，"美人荧荧兮，颜若苕之荣"，是说自己容貌美丽，光彩照人，娇艳如正在绽放的凌霄花。赵武灵王被梦中的女子深深打动，醒后还恋恋不舍。大夫吴广听说后，觉得赵武灵王说的少女很像自己的女儿孟姚，就把孟姚嫁给了赵武灵王。孟姚是吴广的第二个女儿，长得非常漂亮，因为梦中美人自称"嬴"，因此赵国人称其为吴娃、娃嬴。成亲后赵武灵王非常宠爱她，很快娃嬴做了赵武灵王的王后，史称惠后，并生下了公子赵何，即日后的赵惠文王。

无论是神女瑶姬还是宠妃娃嬴，故事都过度强调她们的美貌，而没有关注她们的才学和内心世界，男人对她们的爱也主要停留在色相和肉体的层面，是他们初级阿尼玛的投射。

二、唐人的才子佳人梦

唐传奇中也有几篇很有名的梦遇美人的故事，其中沈亚之的《异梦录》《秦梦记》是早期才子佳人型的故事。《异梦录》中陇西公讲述了将门子弟邢凤的一段奇异经历。

邢凤在长安平康里的南面，用一百万钱买下从前富贵人家的一座深宅大院。某天他在卧室午睡，梦见一位美丽的女子，从西面的房间走过来，绕着圈子从容踱步，手里拿着书边走边念。女子身着古装，梳着高鬟，画着长眉，衣领是方的，束衣的绣花带子很长，穿着宽袖的短袄。邢凤非常高兴地问她："这么好看的人是从哪里来的？"美人笑道："这里就是我家呀。你住在我的屋子里，怎么还问我从哪里来的呢？"邢凤说："让我看看你手中的书吧。"美人说："我喜欢读诗，因此常带着。"邢凤说："我希望你多待一会，让我看看它。"于是他拿着美人给的诗集，在西面的椅子上坐下来。邢凤打开书，看到第一篇的题目叫"春阳曲"，只有四句。

梦中二人探讨诗歌和舞蹈。美人一时兴起，当场写了一首诗："长安少女踏春阳，何处春阳不断肠。舞袖弓弯浑忘却，罗衣空换九秋霜。"并为邢凤跳起了"弓弯"舞。他醒来之后竟然在襟袖里发现抄有诗句的彩笺。

文章接着又讲述了一个梦，太原人王炎梦游到吴宫，适逢西施下葬，应诏作挽歌一首，得到吴王嘉许。

吾友王炎者，元和初，夕梦游吴，侍吴王久。闻宫中出辇，鸣笳箫击鼓，言葬西施。王悼悲不止，立诏词客作挽歌。炎遂应教，诗曰："西望吴王国，云书凤字牌。连江起珠帐，择水葬金钗。满地红心草，三层碧玉阶。春风无处所，凄恨不胜怀。"词进，王甚嘉之。及寤，能记其事。

《秦梦记》写太和初年，沈亚之要去邠州，出了长安城，宿于橐泉的客舍里。时逢春日，大白天在睡梦中到了秦国，为秦穆公率兵伐晋，连续攻下五座城池，立下大功。穆公幼女弄玉之夫萧史先死，公遂以弄玉妻之，官左庶长，礼遇甚厚。后弄玉死，亚之遂辞去。亚之在道别时惊醒，发现自己还躺在客舍里。第二天，亚之与友人崔九万详谈了梦中的经历。崔九万是博陵县人，熟悉古代史事。他说："《皇览》中记载：'秦穆公葬在雍橐泉祈年宫下。'莫非是他的神灵显现了吗？"亚之又找到了秦代的地理志，发现果然如此。

西施画像　清人绘

　　鲁迅先生在《中国小说史略》中说："小说亦如诗，至唐代而一变，虽尚不离于搜奇记逸，然叙述宛转，文辞华艳，与六朝之粗陈梗概者较，演进之为甚明，而尤显者乃在是时则始有意为小说。""至唐人乃作意好奇，假小说以寄笔端。"西施和弄玉是历史上有名的美女和才女。她们已经作为一种较高阶段的阿尼玛意象进入了我们的集体无意识和文化无意识。学识渊博、才华横溢又"作意好奇"的唐代文人士子必然会于梦中邂逅她们，或者杜撰一些传奇故事抒写对她们的思慕与向往。而那位能写诗、会跳舞的古装女子则更有意思,邢凤买下的是一座大宅院,这个女子很可能就是这户富贵人家的女儿,邢凤午睡的卧室恰好就是她曾经的闺房,这个女孩在房中留下了很多信息,包括她的气味、思想、喜怒哀乐。这些信息并没有随着女孩的出嫁或者去世而消失,而是遗留在了她童年和少女时期生活过的家园里。人在清醒的状态下是无法捕捉到这些微弱的信息的,但熟睡时,无意识开始活跃,这些信息就进入大脑中,以梦境的形式呈现。

有一个故事,是关于分析心理学的创始人荣格的。某个夏天,他应邀去伦敦讲学,他的朋友很热心地帮他租了一栋位于郊区风景迷人的古老别墅,荣格在随后的几周里,处于半失眠状态,梦中出现令人窒息的难闻气味、地板上的滴水声、房间里奇怪的沙沙声、在房内跑来跑去的大狗等怪异的事物。这座别墅,传闻中闹鬼,没有人敢晚上睡在里面,所以荣格的朋友能以低价租到。虽然荣格和他的朋友都不知道实情,但荣格的无意识和直觉捕捉到了相关的信息。荣格认为那只大狗正代表了他的直觉,如果人的嗅觉能像狗一样灵敏的话,他就能嗅出其他东西,而对以前住过这个房间的人有一个较为清晰的概念,那些水滴声、沙沙声、难闻的气味都是他的直觉捕捉到的周围的信息。据说原始的巫医不仅能"嗅出"谁是小偷,而且能"嗅出"哪里有鬼魂。但在进化的过程中,人的嗅觉逐渐退化,不过嗅觉刺激依然存在于外在环境中,只是人类"闻不到"或者"虽然闻到了却无法进入意识层面"，而只在无意识层面发酵，激发出各种联想。

人类的无意识心灵，具有比意识心灵更敏锐的知觉与联想能力，它也可能对刺激它的幽微线索产生种种联想，而以类似幻觉的景象为意识所捕捉。譬如荣格有一位亲戚，亲口告诉荣格，他有一次出国旅行，住在旅馆里，做了一个可怕的梦，梦见有一位妇人在那个房间被谋杀。第二天他的亲戚才知道，就在他住进来的前一晚，果真有一个女人在那个房间被谋杀。荣格认为，这是该房间里某些幽微的线索刺激了他的无意识心灵，而使他以梦的方式摹想出可能的情景。《秦梦记》中，沈亚之夜宿橐泉的客舍，秦穆公就葬在附近，他的这个梦即使是杜撰的，却也有一些现实的依据，并能在心理学层面找到支持。不过《异梦录》中邢凤醒来后袖子里的彩笺则完全是故事主人公或者作家"作意好奇"的编造。

三、梦知道她在哪里

蒲松龄更是善于结撰这类故事。《聊斋志异》中的王桂庵，是河北大名府的世家子弟。有一年到江南游历，看上美貌的"船家女"芸娘，但是芸娘对他不屑一顾。王桂庵念念不忘。后来做了一个梦，梦见来到一个山村与芸娘相会。

孟芸娘　叶毓中绘

逾年，复南，买舟江际，若家焉。日日细数行舟，往来者帆樯皆熟，而囊舟殊沓。居半年，资罄而归，行思坐想，不能少置。一夜，梦至江村，过数门，见一家柴扉南向，门内疏竹为篱，意是亭园，径入。有夜合一株，红丝满树。隐念：诗中"门前一树马缨花"，此其是矣。过数武，苇笆光洁。又入之，见北舍三楹，双扉阖焉。南有小舍，红蕉蔽窗。探身一窥，则椸架当门，胃画裙其上，知为女子闺阃，愕然却退；而内亦觉之，有奔出瞰客者，粉黛微呈，则舟中人也。喜出望外，曰："亦有相逢之期乎！"方将狎就，女父适归，倏然惊觉，始知是梦。景物历历，如在目前。秘之，恐与人言，破此佳梦。

第三年，王桂庵又到江南镇江，迷路误入一个山村，与往年梦中景色一样，竟然真遇到了芸娘。于是王桂庵倾诉了相思之苦，说自己并无妻室。芸娘要其请媒人来提亲以体现诚意。经过波折，两人终于成婚。北返途中，王桂庵与芸娘开玩笑说自己已有妻室，芸娘一怒之下，投江自尽。王桂庵号啕大哭，撕心裂肺，痛不欲生，悔恨莫及。后来王桂庵在河南居然又和被人救起的妻子相会，发现其已经有了小孩。两人再度复合。

生活中我们常常会遇到这样的情况：我们正处于某个情境中，突然会觉得正在经历的事情或场景很熟悉，好像以前经历过，甚至对某些人也会有似曾相识的感觉。那么很可能，类似的场景曾经在我们的梦里出现过，但醒来后被我们忘记了。梦是无意识的语言，那些场景一旦被遗忘就又回到了无意识。但当现实中类似的情景出现时，我们大脑中的梦境被唤醒，无意识意识化了，因此会有这种梦幻般的感觉。小说中王桂庵对芸娘念念不忘，用了三年时间寻找她，始终没有任何线索，但梦境提供的信息十分清晰：江边的一个小村庄，周围有竹篱、夜合、马缨花、红蕉，芸娘就住在这间小舍里。后来有一次他到镇江赴友人之约：

信马而去，误入小村，道途景象，仿佛平生所历。一门内，马缨一树，梦境宛然。骇极，投鞭而入。种种物色，与梦无别。再入，则房舍一如其数。梦既验，不复疑虑，直趋南舍，舟中人果在其中。

村庄中的景象仿佛曾经历过一样，特别是那一树马缨花出现时，他的梦境完全被激活。在梦境的指引下，他找到了朝思暮想的芸娘。

第三节　新时期的婚恋梦：财色兼收

唐代社会对于自由婚恋还有一定的包容性，到了宋代，随着宋明理学的盛行，整个社会趋于保守。受到礼法的约束，青年男女很难为自己的婚姻做主。到了明代，情况又发生了很大的变化。尤其是明代中晚期，资本主义萌芽，商品经济发展，人们追求物质享受和感官刺激，社会风气变得开放，在谈婚论嫁时人们也更加注重对美色与财富的追求。

一、纠结的张生"夜探"

在"三言二拍"中，描写贵族青年男女互相爱慕、彼此欣赏的作品很多。《醒世通言》卷二十九《宿香亭张浩遇莺莺》，故事中的主人公和情节都模仿了唐传奇《莺莺传》，但两者的细节和结局又有很大不同。张浩在家中牡丹花园内玩赏，邂逅了邻家女孩莺莺，女孩长得非常漂亮，文中说她"新月笼眉，春桃拂脸，意态幽花未艳，肌肤嫩玉生光。莲步一折，着弓弓扣绣鞋儿；螺髻双垂，插短短紫金钗子。似向东君夸艳态，倚栏笑对牡丹丛"。

二人一见钟情，相见恨晚，互相表达爱慕之情，并互赠绣带和香罗。别后张浩日夜想念莺莺，"自此之后，浩但当歌不语，对酒无欢，月下长吁，花前偷泪"。莺莺也因想念他而染病，并让热心的老尼惠寂帮忙传达彩笺，但因女方父母觉得女儿年龄尚小，作为人妻尚早，婉拒了这门亲事。亲命难违，之后整整一年二人都偷偷以书信传情。转眼又到了桃李芬芳、牡丹盛开的季节，读罢莺莺托老尼送来的书信，张浩相思难耐，梦见自己潜入园中，听见莺莺婉转的歌声，想要叩窗询问，忽有人斥责，从梦中醒来。

明代刻本插图《宿香亭张浩遇莺莺》

浩览毕，敛眉长叹，曰：“好事多磨，信非虚也！”展放案上，反复把玩，不忍释手。感刻寸心，泪下如雨。又恐家人见疑，询其所因，遂伏案掩面，偷声潜泣。良久，举首起视，见日影下窗，暝色已至。浩思适来书中言“心事询寂可知”，今抱愁独坐，不若询访惠寂，究其仔细，庶几少解情怀。遂徐步出门，路过李氏之家，时夜色已阑，门户皆闭。浩至此，想象莺莺，心怀爱慕，步不能移，指李氏之门曰：“非插翅步云，安能入此？”方徘徊未进，忽见旁有隙户半开，左右寂无一人。浩大喜曰：“天赐此便，成我佳期！远托惠寂，不如潜入其中，探问莺莺消息。”浩为情爱所重，不顾礼法，蹑足而入。既到中堂，匿身回廊之下，左右顾盼，见：

闲庭悄悄，深院沉沉。静中闻风响玎珰，暗里见流萤聚散。更筹渐急，窗中风弄残灯；夜色已阑，阶下月移花影。香闺想在屏山后，远似巫阳千万重。

浩至此，茫然不知所往。独立久之，心中顿省。自思设若败露，为之奈何？不惟身受苦楚，抑且玷辱祖宗，此事当款曲图之。不期隙户已闭，返转回廊，方欲寻路复归，忽闻室中有低低而唱者。浩思深院净夜，何人独歌？遂隐住侧身，静听所唱之词，乃《行香子》词：

雨后风微，绿暗红稀，燕巢成、蝶绕残枝。杨花点点，永日迟迟。动离怀，牵别恨，鹧鸪啼。

辜负佳期，虚度芳时，为甚褪尽罗衣？宿香亭下，红芍栏西。当时情，今日恨，有谁知！

但觉如雏莺啭翠柳阴中，彩凤鸣碧梧枝上。想是清夜无人，调韵转美。浩审词察意，若非莺莺，谁知宿香亭之约？但得一见其面，死亦无悔。方欲以指击窗，询问仔细，忽有人叱浩曰："良士非媒不聘，女子无故不婚。今女按板于窗中，小子逾墙到厅下，皆非善行，玷辱人伦。执诣有司，永作淫奔之戒。"浩大惊退步，失脚堕于砌下，久之方醒，开目视之，乃伏案昼寝于书窗之下，时日将晡矣。

张浩刚刚读了莺莺情真意切、缠绵悱恻的信，内心深受触动，恨不得立刻飞到恋人的身边，但囿于礼法，于是他就做了这个具有补偿性的梦。不过，这种阻碍在梦中也时刻存在。他已经到了莺莺家门口，但高门大户，插翅难进，终于门开了一条小缝，他乘机溜了进去。进去之后他又找不到莺莺的房间，"香闺想在屏山后，远似巫阳千万重"。他在李家院中转来转去，内心挣扎，非常想见莺莺，又怕事情暴露，玷污家族名声。徘徊中，传来了莺莺的歌声，他下定决心，"但得一见其面，死亦无悔"。正要敲窗告知莺莺，突然一个十分严厉的声音响起，指责他这样做是"玷辱人伦"，有"淫奔"之嫌。分析到这里，我们可以看出，这个梦其实是张浩在面对与莺莺的爱情受到父母之命和礼法约束时，内心挣扎、矛盾的意象化体现，是他的本我与超我发生激烈冲突的结果。梦中在关键时刻阻止他的那个声音，实则是他自己的超我对本我的约束。

弗洛伊德认为人格是由本我（id）、自我（ego）和超我（superego）构成的。本我是人格结构中最原始的部分，即个体先天的存在是与生俱来的。构成本我的成分是人类的基本需求，如饥、渴、性等。本我的需求产生时，个体要求立即满足，如婴儿感到饥饿时要求立刻喂奶，绝不考虑喂养者有无困难。自我是个体出生后，在现实环境中由本我分化发展产生。由本我而来的各种需求，如不能立即获得满足，他就必须迁就于现实的限制，学习如何在现实中获得需求的满足。自我介于本我与超我之间，对本我的冲动与超我的管制具有缓冲与调节的功能。超我是人格结构中处于管制地位的最高部分，是个体在生活中，在接受社会文化道德规范的教养的过程中逐渐形成的。超我又分为两部分：一是自我理想，是要求自己的行为符合自己理想的标准；二是良心，是规定自己的行为免于犯错的限制。

人格结构中的三个层次相互交织，形成一个有机的整体。它们各负其责，分别代表着人格的某一方面：本我反映人的生物本能，按快乐原则行事，是"原始的人"；自我寻求在环境条件允许的情况下让本能冲动能够得到满足，是人格的执行者，按现实原则行事，是"现实的人"；超我追求完美，代表了人的社会性，是"道德的人"。在通常情况下，本我、自我和超我是处于协调和平衡状态的，从而保证了人格的正常发展。如果三者失调乃至破坏，就会产生精神疾病，危及人格的发展。

在梦中，张浩主要受到了本我的支配，同时又受到了超我的约束。他的自我不知道该何去何从，便很痛苦。不过，梦醒之后，他也懂得给自己解梦。梦是愿望的达成，他认为这个梦预示着他很快将会与莺莺见面。

浩曰："异哉梦也！何显然如是？莫非有相见之期，故先垂吉兆告我！"方心绪扰扰未定，惠寂复来。浩讯其意。寂曰："适来只奉小柬而去，有一事偶忘告君。莺莺传语，他家所居房后，乃君家之东墙也，高无数尺。其家初夏二十日，亲族中有婚姻事，是夕举家皆往，莺托病不行。令君至期，于墙下相待，欲逾墙与君相见，君切记之。"惠寂且去，浩欣喜之心，言不能尽。

果然，惠寂来传莺莺消息，相约初夏二十日在园中东墙下相见。后来莺莺随父母外出，张浩在叔父的逼迫下议婚孙氏，莺莺回来后向父母表明决心，并一纸诉状告到官府。审案的陈公被莺莺的勇气打动，成全了他们，最后两人终于喜结连理。

风华正茂的才子和情窦初开的少女，由于礼法的约束，感情往往受到压抑和束缚。男性在初次遇到心仪的异性时，心理上会不由自主地倾慕对方，生理上也会伴随着发生相应的化学反应，情不自禁地想要接近对方。在萌动阶段，双方先通过诗词附和了解对方，试探真心。如果男女互相倾心，则希望情感能进一步发展。未婚男女在正式见面前，由于现实总是设置层层障碍，因而交往受阻。但入梦后，两人在虚幻世界中可以抛弃礼教和家规的限制展示诗才，甚至借酒助兴，以解相思之苦。

弗洛伊德提出了人的心理防御机制及其功能。人的心理防御机制包括幻想、投射、代偿、升华、置换等。"姻缘梦"中的青年男女在现实生活里，情感受到束缚，无处宣泄，梦作为情感中介，使他们压抑的欲望得到暂时的满足，内心的压力得到暂时的缓解。冯梦龙和凌濛初借助梦为小说中的人物营造了一个美好浪漫的精神世界，补偿了他们内心的遗憾和情感的缺失。

二、"离魂"——重生的方式

帝王之家、贵族子弟梦中的情人多半梦幻、唯美，平民百姓的婚恋梦就要现实、沉重得多。对一般民众而言，他们的梦想是能与心上人长相厮守，生活富足安定，或至少衣食无忧。平民婚恋梦的故事在明代的通俗小说系列"三言二拍"中有十余篇，或置于篇首，为下文做铺垫，或直接作为主体的故事情节。

《醒世恒言》卷二十五《独孤生归途闹梦》在讲独孤生的故事之前，开篇就讲了一对新婚的年轻人被迫分开因互相思念而入梦的故事。

昔有夫妻二人，各在芳年，新婚燕尔，如胶似漆，如鱼似水。刚刚三日，其夫被官府唤去。原来为急解军粮事，文书上佥了他名姓，要他赴军前交纳。如违限时刻，军法从事。立刻起行，身也不容他转，头也不容他回。只捎得个口信到家。正是：上命所差，盖不繇己。一路趱行，心心念念，想着浑家。又不好向人告诉，只落得自己凄惶。行了一日，想到有万遍。是夜宿于旅店，梦见与浑家相聚如常，行其夫妇之事。自此无夜不梦。到一月之后，梦见浑家怀孕在身，醒来付之一笑。

　　不久，丈夫如期交纳了钱粮，日夜兼程赶回家乡。他回家见了妻子，互诉别后相思之情，妻子谈到了梦中二人的夫妻生活，竟然与他的梦完全一样，并且发现妻子果然有了三个月身孕。"可见梦魂相遇，又能交感成胎，只是彼此精诚所致。"

　　该书中还有一则相似的故事，即卷十四《闹樊楼多情周胜仙》。家里开酒肆的范二郎与一位富家小姐周胜仙在茶楼里一见钟情，二人通过隔空喊话，互相介绍各自的姓名、家世、年龄和婚姻等基本情况。他们回家后都得了相思病，王婆主动出面替二人牵线搭桥并下了定礼，但周胜仙的父亲周大郎嫌弃男方家里是开酒楼的，门不当户不对，拒绝了这门婚事。胜仙气急攻心，一命呜呼。胜仙殡葬，周大郎将三五千贯妆奁装在棺材里。盗墓者盗墓时，见胜仙美貌，动了邪心，强奸了她。阴阳交感，胜仙苏醒。复活后的胜仙日夜思念二郎，就主动到樊楼找他。二郎惊慌以为是鬼，失手将她打死。二郎因杀人被关押入狱，想起当日在茶楼中与胜仙见面时的情形，内心悔恨不已，难以平复。

转悔转想，转想转悔。捱了两个更次，不觉睡去。梦见女子胜仙，浓妆而至。范二郎大惊道："小娘子原来不死。"小娘子道："打得偏些，虽然闷倒，不曾伤命。奴两遍死去，都只为官人。今日知道官人在此，特特相寻，与官人了其心愿。休得见拒，亦是冥数当然。"范二郎忘其所以，就和他云雨起来。枕席之间，欢情无限。事毕，珍重而别。醒来方知是梦。越添了许多想悔。次夜亦复如此。到第三夜，又来，比前愈加眷恋。临去告诉道："奴阳寿未绝。今被五道将军收用。奴一心只忆着官人，泣诉其情，蒙五道将军可怜，给假三日。如今限期满了，若再迟延，必遭呵斥，奴从此与官人永别。官人之事，奴已拜求五道将军。但耐心，一月之后，必然无事。"

小说中，胜仙的父亲囿于成见，顽固地反对女儿的婚事，导致胜仙盛怒之下气绝，又因没有及时施救而死亡。非常遗憾的是当二郎再次见到胜仙时，不相信她复活了，惊慌失措中失手打死了她。悔恨交加的范二郎在梦中遇到了周胜仙，她不仅没有责怪他，反而与二郎共叙前缘，百般恩爱。古人认为人死后，魂魄离开身体可以独立存在。魂魄也可以像人一样说话，从事各种活动。周胜仙的魂魄追随二郎，梦中与二郎相会，了却生前的心愿。但从心理学的角度来看，这其实是一个补偿性的梦，是范二郎内心对周胜仙的愧疚，以及对他们爱情的遗憾和期望有所弥补的一个梦。

《王娇鸾百年长恨》插图

《警世通言》卷三十四《王娇鸾百年长恨》，卷首讲述了一个小故事，村民张乙去县城贩卖杂货，住在酒店里一间闲置已久的客房中，连续几个晚上梦到有美女廿二娘相陪。

话说江西饶州府余干县长乐村，有一小民叫做张乙，因贩些杂货到于县中，夜深投宿城外一邸店。店房已满，不能相客。间壁锁下一空房，却无人住。张乙道："店主人何不开此房与我？"主人道："此房中有鬼，不敢留客。"张乙道："便有鬼，我何惧哉！"主人只得开锁，将灯一盏，扫帚一把，交与张乙。

张乙进房，把灯放稳，挑得亮亮的。房中有破床一张，尘埃堆积，用扫帚扫净，展上铺盖，讨些酒饭吃了，推转房门，脱衣而睡。梦见一美色妇人，衣服华丽，自来荐枕，梦中纳之。及至醒来，此妇宛在身边。张乙问是何人。此妇道："妾乃邻家之妇，因夫君远出，不能独宿，是以相就。勿多言，久当自知。"张亦不再问。天明，此妇辞去，至夜又来，欢好如初。如此三夜。

晚上，张乙问女子，是否就是那位女鬼。女子坦然承认，诉说了自己被情人遗弃、被老鸨逼迫，不得已自杀的悲惨遭遇，并说明自己不会伤害他。后来张乙办完事情，准备返回家乡，女子要求随行，让他制作一个她的牌位随身携带，并告诉他床底下有当初她埋藏的五十两银子，让他取出使用。有美女相陪，又有白银赠送，张乙何乐而不为？

故事中廿二娘的鬼魂以入梦的方式出现，又以魂魄附着牌位的方法跟随张乙。她以身相许并以金钱相赠，不是因为爱上了他，而是想借助他的力量找到张乙的同乡——当初辜负她，让她苦等三年最后绝望自杀的负心郎杨川。最后她复仇成功。张乙并不知道廿二娘的计划，即使知道了，也不一定会真心帮她，因此聪明的廿二娘没有跟他说太多，她利用所有的资源——美色和最后的五十两银子回报了他。

在这几个故事中，都出现了离魂或鬼魂的情节。"因爱离魂"的梦境模式为何会产生呢？

中国古人信仰"灵魂不灭"论，认为人死之后，分为两个部分，灵魂将在世间飘荡，而肉体则彻底死亡。那些死去的人，生前愿望没有得到满足，灵魂会继续为此努力。前文中我们也谈到了，古人认为梦境的出现是因为人在睡着以后魂魄会离开身体，在另一个世界经历一些事情。到了东汉时期，佛教开始传入中国，至魏晋以后，佛教的思想蔚然成风。佛教对于梦幻和魂魄的种种解释使"因爱离魂"的主题更加丰满和充实。所以在小说中，"因爱离魂"与主人公的梦境完美地融合在一起。在"因爱离魂"的模式中，那些亡故的女子进入男主人公的梦中，融入他的第二精神世界——夜间入睡后的生活，女子的魂魄在男子的梦境里愉快地重生，构成了一个虚拟的情感世界，使男子的心理得到慰藉，女子的魂魄得以归属。

文学史上最有名的离魂故事大概是汤显祖的《牡丹亭》。《牡丹亭》全名《牡丹亭还魂记》，改编于明代话本小说《杜丽娘慕色还魂记》。南宋时期的南安太守杜宝的独生女杜丽娘，年仅十六岁，尚未婚配。杜宝想让女儿成为知书达理的女子，为她请了一位老秀才陈最良做家庭教师。一堂"诗经·关雎"课惹动了少女的思春情怀。伴读的使女春香，无意间发现了杜府的后花园，带着丽娘偷偷去了花园。久困闺房的丽娘，突然看到园中鸟语花香、春光明媚，不由得春心荡漾。回房间后，她做了一个梦。梦中一位书生手里拿着柳枝要她题诗，又把她抱到牡丹亭畔，成巫山云雨之好。杜丽娘醒来后，相思成病，日渐消瘦，最后在中秋之夜，不幸夭逝。广州府的秀才柳梦梅，原名柳春卿，梦见进了一位大户人家的花园中，有一位佳人站在梅树下，说二人有姻缘，因此改名柳梦梅。因缘际会，柳梦梅偶游花园，在太湖石边，拾到装有丽娘画像的匣子，认出这就是当初出现在梦中的女子，就把它带回书房，挂在床前，夜夜焚香拜祝。丽娘的鬼魂回家看到了自己的画像和柳生对自己的真情，深受感动，开始与柳生约会。不久，丽娘告知了柳生真情，柳生在石道姑的帮助下，挖坟开棺，丽娘还魂，二人成婚。

杜丽娘的梦是故事的关键，男女主人公是在梦中相识相恋、私订终身的。对于深受家规礼法制约，足不出户，基本与外界绝缘的少女来说，遇到心仪的男性，自由恋爱、自主成婚，的确只有在梦中才能实现。女子因思慕爱人灵魂出窍，她的魂与她的阿尼姆斯待在了一起。荣格在《金花的秘密》中将魂魄与阿尼姆斯和阿尼玛相对应。"卫礼贤把'魂'翻译为阿尼姆斯。阿尼姆斯的概念对应于'魂'倒是很合适的，'魂'字的写法是由'云'和'鬼'组成，这样'魂'的意思就是'云鬼'，是更高层次的'气息灵魂'，是阳性的。人死后，魂上升成为神，是可以不断延展并自我表达的神。阿尼玛是'魄'对应的翻译。'魄'由'白'和'鬼'组成，也就是'白鬼'，是低层次的，是世俗的和肉体的，是阴性的。"这段话也可以解释为为何在爱情中，女性更注重精神的追求，更为坚定执着，而男性则对女性的容貌和肉体更为关注，并且在感情受阻时也更容易动摇。

　　在中国古代的爱情故事中，女性往往比较主动和大胆，敢爱敢恨。在这类离魂故事中就很明显。周胜仙和杜丽娘等活着时为了获得恋爱自由以死抗争，即使做了鬼魂也仍然对爱情非常执着，她们主动进入恋人的梦境与对方相会，一旦有机会复活或获得天神的恩准，她们就会想方设法争取，与恋人再续前缘。如周胜仙的鬼魂恳求五道将军恩准自己与范二郎恩爱三天，以弥补二人不能结合的遗憾；杜丽娘死后魂魄发现柳梦梅很爱她就主动现身约会，后来又尽量争取复活。她们都在以看似荒谬、完全不合逻辑的方式去实现自己的爱情理想。她们是以生命为代价，与传统的道德、观念、偏见等相抗衡。对她们而言，离魂是为了获得爱情的重生。这种向死而生的勇气让这些女子成为中国文学史上最光彩夺目、最能打动人心的人物形象，让很多男子为之汗颜。她们也成了中国文化无意识对男权社会文化过度面具化的一个补偿。

第四节　悦纳阴影：《聊斋志异》中的狐鬼情缘

　　关于魂魄的描述和它们在两性关系中的作用，《聊斋志异》有着更为丰富和深刻的体现，尤其是穷书生的狐鬼梦。《聊斋志异》491篇作品（张友鹤本）中关于鬼的有170多篇，关于狐狸精的有82篇，其中也有不少关于梦的情节。

一、鲁公女的故事

　　《鲁公女》讲述了一位书生和女鬼的爱情以及与她来世终成眷属的故事。书生张于旦性格狂放不羁，寄读在一个寺庙中。当时的招远县令鲁公有一个女儿，很喜欢打猎，张生曾在郊外遇到过她，当时她骑着一匹小黑马，穿着貂皮小袄，容貌秀美。张生对她一见钟情。不久，女孩暴病夭折，张生痛心不已，无限惋惜。刚好女孩的灵柩停在他所在的寺院。他对其敬若神明，每天早晨必点香火祝告，每到吃饭时必先行祭奠。他常常祈祷，希望能与女孩见面："睹卿半面，长系梦魂，不图玉人，奄然物化。今近在咫尺，而邈若河山，恨如何也！然生有拘束，死无禁忌，九泉有灵，当姗姗而来，慰我倾慕。"女孩的鬼魂被感动了，现身与他幽会，这样两人相处了五年。女孩要去投胎转世时，两人约定，十五年之后，张生去河北的卢户部家迎娶她。

　　张生牢牢记住了这个约定，但他很担心十五年后自己年过半百，可能老病而亡，即使没死也太老太丑配不上她。之后他做了两个奇怪的梦：

　　生怅怅而归，志时日于壁。因思经咒之效，持诵益虔。梦神人告曰："汝志良嘉，但须要到南海去。"问："南海多远？"曰："近在方寸地。"醒而会其旨，念切菩提，修行倍洁。三年后，次子明、长子政，相继擢高科。生虽暴贵，而善行不替。夜梦青衣人邀去，见宫殿中坐一人，如菩萨状，逆之曰："子为善可喜。惜无修龄，幸得请于上帝矣。"生伏地稽首。唤起，赐坐；饮以茶，味芳如兰。又令童子引去，使浴于池。池水清洁，游鱼可数，入之而温，掬之有荷叶香。移时，渐入深处，失足而陷，过涉灭顶。惊窹，异之。由此身益健，目益明。自将其须，白者尽籁籁落；又久之，黑者益落。面纹亦渐舒。至数月后，领秃童面，宛如十五六时。辄兼好游戏事，亦犹童。过饰边幅，二子辄匡救之。未几，夫人以老病卒。子欲为求继室于朱门。生曰："待吾至河北来而后娶。"

在菩萨的帮助下，他不仅身体更加健康，而且恢复了童颜，几乎是获得了重生。两人约定的时间快到了，他也做好了迎娶再生后的恋人的准备。可惜他容颜改变太大，女孩没有认出来，拒绝了他的求婚。

生觉其慢，辞出。女啼数日而卒。生夜梦女来，曰："下顾者果君耶？年貌牉异，觌面遂致违隔，妾已忧愤死。烦向土地祠速招我魂，可得活，迟则无及矣。"既醒，急探卢氏之门，果有女，亡二日矣。生大恸，进而吊诸其室。已而以梦告卢。卢从其言，招魂而归。启其衾，抚其尸，呼而祝之。俄闻喉中咯咯有声。忽见朱樱乍启，坠痰块如冰。扶移榻上，渐复吟呻。卢公悦，肃客出，置酒宴会。细展官阀，知其巨家，益喜，择吉成

礼。居半月，携女而归。卢送至家，半年乃去。夫妇居室，俨如
小耦，不知者多误以子妇为姑嫜焉。

女孩死后复生，两人终成佳偶。虽然故事的过程很曲折，结
局却很美满。

在这篇人鬼恋的故事中，我们可以对女孩的两次死亡和张生
的几个梦进行深度解读。二人初遇时，以张生当时的身份地位，
他不可能与县令的千金小姐相匹配，只能在女孩死后与她的鬼魂
在一起。十五年之后张生凭两个中了"高科"的儿子变得身份尊
贵、家世显赫，又返老还童，实现了与女孩在社会地位、年龄外
貌等方面相匹配的愿望。但因为变化太大，女孩反而不相信他，
于是女孩又再次死亡。即穷书生真正娶到富家小姐要经历外在和
自己内在的种种阻碍和质疑。在人格发展的过程中，如果说邂逅
阿尼玛/阿尼姆斯是杰作，那么遇见阴影则是习作。他们首先要
面对自己的阴影，然后才能互相靠拢，最终走在一起。譬如，对
鲁公女而言，她要先经历一次死亡，才能突破门第限制，与书生
相爱。她的第二次死亡源于对爱情的猜疑、对誓约的不确定。重
生之后，才能实现与她的理想爱人张生真正的结合。对张生而
言，他虽然得到了鲁公女，但她终究只是一个女鬼，是被主流社
会排斥的"异类"。他们 5 年的相爱经历打下了良好的感情基础。
在之后的 15 年间，张生经济条件的改善、社会地位的提升、妻
子的亡故等，为他与女子的再续前缘提供了外在的匹配条件。而

经过持续多年的诵经、行善、反思、沉淀，以及经历世事的沉浮，他内在的人格也已经比较成熟、完善，所以才能很好地履行爱的约定。当然"门第"和"异类"的限制及偏见，其实也是当时社会的阴影。女主人公的转世与男主人公脱胎换骨的变化都具有象征的意义，是二人在经历了各种考验和磨难后仍然相爱的成果，是涅槃重生的实现。

《鲁公女》插图　高宝生绘

张生虔诚深情、遵守诺言，女孩美丽痴情、矢志不移。鲁公女和张生互为对方的阿尼玛和阿尼姆斯，才能互相吸引，彼此忠诚。张生梦到神人指点和菩萨帮助，女孩死后托梦等情节也推动了故事的持续发展。显然故事深受佛教信仰的影响，吃斋念佛、积德行善就能够换得荣华富贵、长寿健康和美满姻缘。

《聊斋志异》中的人鬼恋故事大多是类似的结构模式，如《连锁》《连城》《聂小倩》等，限于篇幅，此处不再赘述。

二、狐狸精的故事

关于人狐恋，《狐梦》是一个很有意思的故事。作者的朋友毕怡庵非常仰慕、向往《青凤传》中美丽温柔的狐女青凤。一个炎热的夏夜，他在熟睡中被人摇醒，竟然邂逅了狐女三姐和她的三位姐妹，开始了一段不可思议的艳遇和充满谐趣的奇幻之旅。

余友毕怡庵，倜傥不群，豪纵自喜。貌丰肥，多髭，士林知名。尝以故至叔刺史公之别业，休憩楼上。传言楼中故多狐。毕每读《青凤传》，心辄向往，恨不一遇。因于楼上，摄想凝思，既而归斋，日已寝幕。

时暑月燠热，当户而寝。睡中有人摇之，醒而却视，则一妇人，年逾四十，而风韵犹存。毕惊起，问为谁，笑曰："我狐也。蒙君注念，心窃感纳。"毕闻而喜，投以嘲谑。妇笑曰："妾齿加长矣，纵人不见恶，先自惭沮。有小女及笄，可侍巾栉。明宵，无寓人于室，当即来。"言已而去。至夜，焚香坐伺，妇果携女至。态度娴婉，旷世无匹。妇谓女曰："毕郎与有夙缘，即须留止。明旦早归，勿贪睡也。"毕乃握手入帏，款曲备至。事已，笑曰："肥郎痴重，使人不堪。"未明即去。

当天晚上三姐又出现了，说众姐妹要办酒宴祝贺她找到了如意郎君。第二天毕怡庵刚趴在案头睡觉，三姐就过来了，"乃握手而行。奄至一处，有大院落。直上中堂，则见灯烛荧荧，灿若星点"。大姐、二姐和尚未成年的四妹依次出场，姐妹间互相调侃和戏谑。酒席中，她们把荷盖、巨钵、罗袜等变成酒杯捉弄毕怡庵，把他灌醉。

《狐梦》插图①

---

① 广百宋斋编绘：《聊斋志异图咏》，武汉：湖北美术出版社 2016 年版。

《狐梦》的主体情节是一个梦，赴宴的情节更是一个梦中梦，篇末狐女让毕怡庵请蒲松龄帮她作传，也是小说家之言，真真假假都是作家布下的迷阵，用以吸引读者。

倜傥不群、豪纵自喜的毕怡庵倾慕的对象青凤是《聊斋志异》中一个很典型的美狐。她"弱态生娇，秋波流慧，人间无其丽也"。蒲松龄笔下的狐女绝大多数都美艳无比，如青凤、水仙、娇娜和本篇中的三姐，让小说中的书生们一见钟情。随着聊斋故事的传播，这些狐女就成为很多士子的梦中情人。纪昀《阅微草堂笔记》中记载："东昌有一书生，夜行郊外。忽见甲第甚宏壮，私念此某氏墓，安有是宅，殆狐魅所化欤？稔闻《聊斋志异》青凤、水仙诸事，冀有所遇，踯躅不前。"这个书生大概没有遇到美丽的狐狸精，但小说中朝思暮想的毕怡庵却美梦成真了。

按照狐母和三姐的说法，人狐相恋，必须有"夙缘"。小说中毕怡庵的叔兄娶了狐女，他的朋友蒲松龄写了很多狐狸精的故事，他本人又整日梦想遇到狐狸精，狐狸精已经进入了他的家族无意识和个人无意识，那么狐女三姐作为他的阿尼玛意象在梦中与他相会也是可能的了。

中国的狐狸精形象远古时期就已经出现，并一直存在于此后各个朝代的文化中。它早已成为中国古典小说中非常重要的一个题材，也进入了中国人的集体无意识和文化无意识。有一则关于大禹娶涂山氏女的古老神话：

（禹）三十未娶，恐时之暮，失其制度。乃辞云："吾娶也，必有应矣。"乃有九尾白狐，造于禹。禹曰："白者吾之服也，其九尾者，王者之证也。涂山之歌曰：'绥绥白狐，九尾厖厖。我家嘉夷，来宾为王。成家成室，我造彼昌。'天人之际，于兹则行。明矣哉！"禹因娶涂山，谓之女娇。（赵晔《吴越春秋》）

关于这个神话有多种解释。一种解释，九尾白狐是当地部族崇拜的图腾，禹经过涂山，就娶了当地人的女儿女娇。另一种解释，禹经过涂山这个地方，遇到了九尾白狐。九尾白狐对他一见钟情，变成一位美丽的少女，嫁给了禹。还有一种解释，女娇爱上了禹，为了表达自己的爱意，就变成九尾白狐，吸引禹的注意，禹在追赶她的时候，她又变回了一位美丽的少女。从某种意义上来说，这是中国最早的人狐恋的故事。

我国的狐文化源远流长，狐狸精的形象有男女老少，有仁狐、义狐、情狐、友狐、学士狐、作祟狐等，其中最受民间欢迎的是美女狐。不过，因为《封神演义》中苏妲己的恶行，"狐狸精"也成了蛊惑男人、败坏风气的代称。但在我们的文化和集体无意识中，狐狸精仍然是男性非常重要的阿尼玛形象之一。她们有的美艳绝伦，和男人春风一度，各奔东西，如大部分狐女；有的极富母性，为心上人遮风挡雨、消灾驱邪，如小翠、红玉、辛十四娘等；有的知书达理，激励丈夫在科考和事业路上取得成就，如任氏、凤仙等。

《狐谐》插图①

　　台湾学者杨国枢、余安邦在《从历史心理学的观点探讨清季狐精故事中的人狐关系：（一）内容分析的结果及其解释》中谈到，清代狐狸精故事反映的主要社会心理是求色求情与求财求助，该心理与行为的产生有其独特的社会文化因素，反映了清代民众对性与女人的矛盾及冲突，受到社会文化背景、时代风气、民俗信仰等方面的影响。其实不只是清代，从唐代开始，在人狐

---

　　①　广百宋斋编绘：《聊斋志异图咏》，武汉：湖北美术出版社 2016 年版。

恋故事中，人们便有了这种求财求色的心理。如唐传奇《任氏传》中，狐女任氏不仅长得很漂亮，而且很聪明，能够预知未来。她让郑六低价购买了一匹宝马，再高价卖出，帮助情人郑六大赚了一笔。郑六得到她，可谓财色兼收。

三、真爱到底有多远

在中国古代，从秦汉到明清，自由恋爱都是比较困难的。没有父母之命、媒妁之言，青年男女在一起诗词唱和、卿卿我我、建立亲密关系都是不为礼法和道德所容的。正常的两性交往受到压抑，变成了文化阴影的一部分。① 人们的这种需求就投射到了鬼、狐和其他异类的身上。"一般而言，阴影具有不道德或至少不名誉的特性，包含个人本性中反社会习俗和道德传统的特质。"阴影基本等同于弗洛伊德的"本我"，它是人类原始动物性的一面，是本能的真实显现。在中国文化中，狐鬼花妖都在某种程度上承担了中国人阴影原型的投射。它们经常出没于年久失修的寺庙、古旧的坟茔，以及荒郊野外等处。这些地方相对于人口密集的城市和乡村是边缘地带，是被排斥和忽略的。从心理层面上来讲，这是放逐人格中不被接纳的阴影之地。

同样是阴影的投射，也可以看出性别歧视。《聊斋志异》中书生和狐女相恋，往往结局还不错，有的甚至能从阴影上升到阿

① 关于阴影部分的论述，可参照本书第五章。

尼玛的层面。而女人和狐男发生关系则纯粹是被蛊惑，是要被消灭的罪恶。如《狐入瓶》，万村石氏之妇不堪狐的性骚扰，将狐困于锅中并用热水烫死，"妇急以絮塞瓶口，置釜中，燀汤而沸之"。《贾儿》中，贾儿的父亲外出经商，常年不在家，母亲独居，"梦与人交；醒而扪之，小丈夫也"，此后一到晚上就被狐纠缠，"歌哭叫詈，日万状"。贾儿想方设法除掉了作祟的狐妖，捍卫了父亲的地位。这类故事中，无论是女性本人，还是她们的亲人，都是不接纳狐男或鬼的。

所以，我们很难看到有人类女性与男性狐狸精或其他异类回肠荡气、缠绵悱恻的爱情故事。她们的丈夫常年在外经商或为官，可以与狐鬼花妖恋爱结合，而她们只能独守空闺。在她们无法忍受寂寞，想要发展别的恋情的时候，就被打击或污蔑。如贾儿的母亲就被认为是患上了"狐魅疾"，父亲还没有出面，儿子就把她的情人杀死了。荣格提出"神经症的主要原因是良知的冲突及需要回答的道德难题"。申荷永在《荣格与分析心理学》中谈道："人格面具与阴影是相互对应的原型意象。我们倾向于掩藏我们的阴影，同时也倾向于修饰与装扮我们的人格面具。在心理分析的意义上来说，当我们把自己认同于某种美好的人格面具的时候，我们的阴影也就愈加阴暗。两者的不协调与冲突，将带来许多心理上的问题与障碍。"这些被留在家里的女人，极少有机会接触外面的异性。她们本人在意识层面也希望能恪守"妇道"，但对性爱的渴望并不是那么容易被隔离或压抑的。这种本能和道德之间的激烈冲突可能真的会导致她们遭受精神疾病的困扰。作为当事人，贾儿的母亲或许也认同了自己"有病"，在丈夫回来后，默认儿子杀死狐狸精帮自己"治病"，也算是给丈夫一个台阶，让这个家庭重新恢复平静。

《贾儿》插图①

---

① 广百宋斋编绘：《聊斋志异图咏》，武汉：湖北美术出版社 2016 年版。

书生们在与异类女子相恋的过程中，也会经历各种猜疑、阻力、磨难和曲折，但他们大多能得到亲友的理解甚至支持，最终有一段相对较圆满的婚恋关系。如前文谈到的《鲁公女》《狐梦》《青凤》等。

我们之所以会持久地爱上一个人，本质上是因为"心理可见性原则"。仿佛一面镜子，如果你的灵魂真正被一个人看见，你就会爱上这个人。当你发现，如果别人看我们的眼光跟我们内心深处最真实的自己对自己的看法是一致的，并且他们通过言行，表现出对我们的这种理解，我们就会有一种深深的被"看见"的感觉。在一段我们被真正看见的亲密关系中，我们会不断地发现自己之前都没有意识到，或是还没有浮出水面的、潜伏起来的能力，以及那些我们从来没有明确表达出来的性格特质等。恋人间强烈吸引的心理原因也可以用"完整之我"（"自性化"）的追寻这一理论来解释。荣格认为，每个人都同时具有"显性"（面具）与"隐性"（阴影）人格。换言之，每个人除了表现外在众人所见之"显性人格"（"面具人格"），还有个与之相反，潜藏心底的"影子人格"（"阴影人格"）。当一个人遇见一位具备自己"影子人格"的异性时，心中常会有欢喜雀跃的感觉，因为对方显示出自己所缺乏（潜抑或消逝）的人格特质。这种吸引让彼此各得一线生命契机，使自己尘封枯萎的"影子人格"重见天日，得到露水滋润，与自己的"显性人格"整合，发展出一个较完全、较成熟人格的过程，即追寻"完整之我"的旅程。这也是书生会爱上狐鬼花妖的深度心理成因。古代的男子从幼年开始就接受传统的儒家教导，要忠孝节义，要克己复礼，要考举人、中进士、做高官、报效君王，总之要背负无穷无尽的责任和担当，生命变得沉重而乏味。当他们与这些异类女性相遇时，女性柔美的容貌、婀娜多姿的体态、丰盈流畅的情意，往往会挑动他们长久压抑心底感性部分的人格，那些被深埋阴暗地窖的"影子人格"重见阳光，感受到一股从外注入、活泼新鲜的生命力，觉得自己好似脱胎换骨一般，长期被禁锢的心灵，顿时得以自由释放。《鲁公女》中的张生，《狐梦》中的毕怡庵，以及其他男主人公基本都是这样的。因为古代文学作品主张男性立场，女性在这方面的特征不太突出，但从心理学的角度分析，异类男性同样为她们提供了互补的人格。比如，前文谈到的为狐鬼所祟的几位女性，他们至少满足了其性爱需求。

真正的爱情可以在对方身上唤起某种有生命力的东西，而双方都会因唤醒了内心的某种生命力而充满快乐。真正的爱是内在创造力的表现，包括关怀、尊重、责任心和了解等因素。爱情不是一种与人的成熟度无关，只需要投入身心的感情。如果不努力发展自己的全部人格并由此达到一种"创造倾向性"（语出《爱的艺术》），那么每种爱的企图都会失败。要获得一份真挚的爱情，除了外界环境如亲友的支持，更重要的是需要双方同时具有爱和被爱的能力。爱的能力包括诚恳、尊重、理解、信任、包容、乐观、勇气、给予、承担，以及相对独立、自我反省、有效沟通、良好互动、积极成长，尤其是彼此共情等诸多基本素质和能力。具备了爱的素养也就同时具有了被爱的能力，才能真正开始并持续维系一段诚挚的恋情，直至走向婚姻。以这样的标准去衡量那些异类女性，会发现她们都具有很好的爱的能力，反倒是那些男主人公大多"不合格"。比如《小翠》中，狐女小翠活泼大方、美丽温柔，而且非常聪明，她以游戏的方式数次帮王太常消除了政敌的诋毁和猜疑，让王家在激烈的官场斗争中化险为夷，并治好了丈夫王元丰的痴呆症。虽然屡次遭到公婆的责骂，她都一笑了之，直到她失手打破了一只玉瓶，公婆"交口呵骂"，小翠"盛气而出，追之已杳"。小翠和王元丰原本有五年的姻缘，但因其父母对她的粗暴和误解而中断。狐母为报当年的救命之恩，将女儿小翠嫁进王家，助王家度过各种难关。但是王太常夫妇过于关注自身的利益，忽略了媳妇小翠受尊重、被爱护等基本要求。而王元丰本人在这段关系中，也没有起到多少积极的作用，即使后来恢复了正常的神志，他也并不具有共情能力，也未能保护好妻子。从心理学的角度看，缘尽很大一部分原因是爱的能力没有发展起来，导致爱没有办法继续下去，只好黯然分手。

真爱到底有多远？

那就要看你有多少爱的能力。爱的能力和先天禀赋、家庭教育、社会风气等有关，也与个人在两性关系中的觉悟和努力有关。如果具备了爱的能力，即使这一次恋爱失败了，下一次也有可能会成功。如果爱的能力不够，失败就会如影随形。但不必气馁，保持觉察和自省，勇敢成长，爱一定能发展起来。在实现完整人格即在爱的旅途中，无论前进、后退或止步，都是个人的选择。每个人都要为他自己的人生负责。

　　狐狸精要修炼数百年甚至上千年才拥有爱的能力，人类是否也应该在爱的旅途中持续修炼呢？

第五章　整合之路：教化与梦

　　"因果报应"作为一种观念在我国源远流长，早在先秦典籍中就有类似的思想和言论。最迟在先秦，"报"和"报应"的思想就已经出现。如《周易·坤》："积善之家，必有余庆；积不善之家，必有余殃。"《尚书·伊训》："作善，降之百祥；作不善，降之百殃。"《三国志·蜀志传》："勿以善小而不为，勿以恶小而为之。"

　　两汉之际佛教传入我国，与国人当时普遍的焦虑和虚无心理产生了共振，获得了相当的认同。当时，统治者凶残暴虐，帝王更替频繁，朝不保夕，人们的内心承受着巨大的恐惧和焦虑。而佛教因果报应的宿命论思想则可以作为人们逃避、解脱的最佳途径，成为人们心灵的寄托。统治者的提倡也使其大为盛行。因此，"果报"作为一种宗教思想开始在社会上广泛传播。佛教中系统而明确的果报思想与国人原有的果报观念相结合并互相生发，开始形成具有宗教色彩的民族文化心理。在反映底层人民生活的文学作品，尤其是小说中，果报思想几乎贯穿始终。如惩恶扬善、教化风俗等故事就成了我国古代小说中最重要的主题。从荣格心理学的角度看，这类小说具有教导人们如何面对阴影的意义。

第一节　贾宝玉和甄宝玉：阴影原型

人格面具与阴影是一组相互对应的原型意象。人格面具也被称为从众求同原型（conformity archetype），它只是个人精神的一部分，一个人如果过分偏重人格面具，必然会牺牲人格结构中其他组成部分的发展。与人格面具相反的是阴影。阴影是那些隐藏起来的、被压抑下去的东西，是人格中最深层、最黑暗的部分，比任何其他原型都更多地容纳人的最基本的动物性。但阴影是个性的有机部分，因此，它希望以某种形式与个性融为一体。当阴影所包含的能量处于无意识状态时，常常是尚未发生的、不成熟的，甚至是有破坏性的，而当它们被意识到并得到发展时，则可能是有价值的。因此荣格认为，阴影对整体是必要的，它能创造宝贵的财富，展现许多好的能量，例如正常的本能、适当的反应、现实的洞察力、创造性冲动等。

我们倾向于掩藏我们的阴影，同时也倾向于修饰与装扮我们的人格面具。从心理分析的意义上来说，当我们把自己认同于某种美好的人格面具和公众道德的时候，我们的阴影也就愈加阴暗。两者的不协调与冲突将带来许多道德上和心理上的问题与障碍。《红楼梦》中的贾宝玉和甄宝玉就是这样一对互为阴影的人物形象。

一、关于阴影原型

人类生来就具有差不多相同的人性。人性以潜在的形式存在于每一个个体身上，包括诸如怜爱、慷慨、同情、利他、勇气、耐心和智慧等品德；同时还包括自私、贪婪、妒忌、懦弱、残酷、小气、暴力和固执等品质。

我们出世后不久，就开始了解到我们身上的人性和表现的某些方面可赢得我们所赖以生存的父母和其他照顾者的赞同，可是某些方面就不那么受欢迎了。由于我们需要别人的爱，也需要被尊重，凡是"好的"被奖赏的东西，我们不自觉地就会将其重点培养起来；凡是"坏的"被处罚的东西，我们就会试图从自我的行为和意识中摒弃。虽然对于个体而言，其具体内容有所不同，可是通过强化赞成与不赞成、奖励与处罚来使孩子适应社会生活和塑造孩子的过程却是普遍相同的。

早年在家庭里，环境对我们的反映是我们的好与坏的观念的基础。之后的岁月里，学校、社团、大众媒体和其他社会机构对我们的社会价值的灌输更是纷至沓来。心理倾向于根据成对的对立物来系统地阐述经验。在我们的文化里，社会化加强了这一倾向；我们被教会了区别、分离和分裂，尤其是分裂好与坏。我们被教会了追求善良，甚至追求完美，认同我们人性的"积极"面，而否定和否认"消极"面。这一倾向导致的分裂状态被认为是正常的。

我们对善良的认同使我们一直存在着负疚感和欺诈感。因为在某种程度上，我们知道自己并没有达到我们的目的，也不是我们所自诩的那样。我们人性中被拒绝的那部分的情况又如何呢？我们如何应对荣格所称的"我们不想使之成为自己一部分的那一部分"呢？一般情况下，我们会试图从意识中对我们人性的被拒绝接受的部分加以抑制，从我们的自我确定中将其排除，这正如我们认同光明否定阴暗一样。但是，它真的能从自我的领域中被彻底赶走吗？恰恰相反，由于从有意识的知晓和控制中被排除，人性被拒绝的部分获得了独立存在的能力。它充满活力，并常常以让别人看得清清楚楚的方式表现出来。比如一个偏执狂、一个心理障碍患者很容易在人群中被辨识出来。

我们人性这一被否认的部分就是荣格所称的"阴影"中的一部分。阴影是意识的结果与反面。阴影不仅包括已被自我感受过和拒绝过的部分，而且包括从未意识到的原始的和不成熟的部分；荣格时常将阴影与全部无意识等同起来。阴影具有个体的和个人的标准，"我从我的自我形象和公认的身份所剔除的"，与"你从你的自我形象和公认的身份所排除的"略有不同。这里存在着一种文化标准，一个国家对善和恶的看法不同于另一个国家。同时，对"阴影"还存在着集体的和普遍的标准，如我们独特的人类侵略性和破坏性。

因此，阴影是被我们排斥的人格部分的总和，是人不能或不愿看到，却又存在于人内心世界的部分。阴影是我们最巨大的威胁，即使我们不知道或是不承认，阴影一直都在那里。正是阴影使我们注意到所有努力和意图最终都会转向其反面。阴影使我们充满恐惧，这也难怪，阴影包含所有我们想丢弃的真实部分，我们根本不想活出阴影，甚至不愿意发现阴影存在于我们的心中。阴影是我们深信必须从世界排除的东西，这样世界才会变得美好而完整。可是，事实正好相反，阴影拥有拯救并疗愈世界所需要的每一件事。阴影使我们生病、不舒服，因为它正是健康所需要的东西。

《戴敦邦聊斋人物谱》之《骂鸭》

被阴影控制的人的身心很容易出现病态的症状。在《聊斋志异·骂鸭》中，一个村民偷了邻居老伯家的鸭子，并把鸭子吃了，夜里突然感觉身上奇痒无比。第二天一早醒来，发现自己浑身长满了鸭毛，一碰就疼。他感到非常恐惧，却又求医无门。一天晚上，梦中有人指点他："汝病乃天罚。须得失者骂，毛乃可落。"偷盗、贪吃、占便宜是这个村民的阴影，身上长出鸭毛是对他的警告，要他能正视和面对自己的阴影，从而真心悔过。老人骂他是帮助他意识到自己的问题，整合自己人格的阴暗面。但他并没有意识到他生病的根源，以为只要是老人开口骂人，不管骂谁，都能除掉他的一身鸭毛。他想治好自己的怪病，又不想承认错误，就诬陷是另一个邻居偷了老人的鸭子，鼓动老人骂那个人。偏偏老人很大度，不肯因为一只鸭子骂人。最后他只能主动说出实情，请求老人骂他。可以想象，在他向老人描述的整个过程中，必定是满脸羞愧，悔恨不已。在被老人痛骂时，他应该是如释重负、如获新生吧。当他不再掩盖、抵赖时，他的怪病就好了；当人不再隐藏、排斥自己的阴影，把它置于光明之下，它就融入你的人格中了。

阴影有如此巨大的影响，那么，如何看见或者发现阴影呢？

阴影只能通过"投射"的方式表现出来，即我们把所有从阴影中冒出来的内容都投射为某种来自"外界"的来源不明的"邪恶"，因为我们害怕发现自己是所有邪恶的真正来源。每一件我们不想要或不认同的事都来自于自己的阴影，阴影是所有我们不想要之事物的总和。可是，拒绝处理这部分的人格、不肯面对真实的情形，反而使我们永远无法达到自己的期望。越是排斥真实的部分，反而越迫使我们更强烈地投注于这些部分，这个过程是通过投射发生的。一旦我们排斥并压抑自己内心既有的法则，那么在面对"外在"世界的相同法则时，这些法则就会再度在我们内心世界不断产生恐惧和排斥。

打个比方，我们在"外在"世界的行动就像是一面镜子，映射的都是我们自己，特别是我们的阴影，也就是原本无法向内看见的部分。这就好比我们看自己的身体时，只能看见一小部分，需要镜子反映出许多原本看不见的部分，比如眼睛、脸、背部等。同样，我们也无法完全看见自己的心灵，只有通过假想中的环境或"外在"世界的投射和反映，才能认出原本看不见的阴影。简单地说，要有对立才能认识。

可是，只有在知道镜中人是自己时，反映才会有用，否则就只是错觉。如果你看到镜中漂亮的黑眼珠，却不知道那是自己的眼睛，你获得的只是错觉而已，并不是认识。不能了解每一件自己感知、体验到的事情其实都是自己的人，就会陷入欺骗和错觉的网罗中。错觉如同梦境，都很真实。一旦发现梦其实只是梦，大部分人都会清醒过来。我们每天经历的大梦也是如此，如果想看透这一点，看到这只是错觉，我们必须先清醒过来。

唐代志怪传奇小说集《广异记》中有一则《豆卢荣》：

　　上元初，豆卢荣为温州别驾卒。荣之妻即金河公主女也。公主尝下嫁辟叶，辟叶内属，其王卒，公主归来。荣出佐温州，公主随在州数年。

　　宝应初，临海山贼袁晁攻下台州。公主女夜梦一人，被发流血，谓曰："温州将乱，宜速去之。不然，必将受祸。"及觉，说其事。公主云："梦想颠倒，复何足信？"须臾而寝，女又梦见荣，谓曰："适被发者，即是丈人，今为阴将。浙东将败，欲使妻子去耳。宜遵承之，无徒恋财物。"女又白公主说之。时江东米贵，唯温州米贱，公主令人置吴绫数千匹，故恋而不去。他日，女梦其父云："浙东八州，袁晁所陷。汝母不早去，必罹艰辛。"言之且泣。公主乃移居梧州。梧州陷，轻身走出，竟如梦中所言也。

　　宝应元年（762年），朝廷为追缴江淮地区八年赊欠的赋税，派豪吏为官，搜刮民间，农民纷纷奋起反抗。作为唐代中叶规模最大的一次农民起义，袁晁起义就是在这一背景下产生的。义军在很短时间内攻克了台州、衢州、温州等地，一路所至，贪官污吏闻风丧胆，"民疲于敛赋者多归之"。在这样动荡的局势下，一有风吹草动，那些贵族和官宦之家就逃走避难去了。但金河公主贪恋温州米价便宜和数千匹江南绸缎，迟迟不肯动身。金河作为大唐公主，身份无比尊贵，权力和地位于她而言已是囊中之物，但在乱世中，显然金钱和财富更加珍贵，这也导致了她对物质的盲目崇拜和痴迷。公主当时被贪婪这一阴影捕获和控制，不顾自己和女儿的生命安全。很有趣的是，金河公主的丈夫没有进入妻子的梦境，警示她离开即将被攻陷的温州，而是通过女儿的梦境转达。豆卢荣也出现在女儿的梦中，再次强化警告。可是对财富的占有欲，让金河公主陷入了偏执状态，根本听不进任何劝告，何况只是女儿的梦。直到第三次，女儿梦见其父对她说："浙东的八个州已经被袁晁攻破，你母亲如果再不离去，必将历尽艰辛。"说完大哭起来。这时，公主才当真了，搬到梧州，但不久梧州也陷落了。危急关头，哪里还顾得上家里成堆的绫罗绸缎，母女俩好不容易逃了出来，路上吃尽苦头。

对于母亲的偏执，女儿应该看得很清楚，大概也劝了多次，只是母亲不听。故事中，已经去世的父亲和丈夫先后在梦里出现，带有一定的迷信色彩。但从心理分析的视角看，这是女儿内心对母亲的忧虑催生的梦境，即亲人之间无意识的链接。女儿的担忧和梦是母亲的镜子，映射出母亲的阴影。只是公主不肯正视和面对，才造成了后来仓皇出逃、财物尽失的结局。

二、互为阴影的甄宝玉、贾宝玉

我国小说史上，最著名的一对阴影是《红楼梦》中的贾宝玉和甄宝玉。《红楼梦》第五十六回贾宝玉梦到甄宝玉，这场梦具有深刻的寓意，我们可以从阴影原型的角度解读甄宝玉、贾宝玉二人之间的关系。该梦以贾宝玉对镜入睡为凭借，使梦中的奇情妙思有了现实的心理依据。

做梦之前作者做了大量的铺垫。江南甄府的四个女人给贾母请安，谈到他们家也有个宝玉，贾母很稀奇，就让宝玉出来见客。结果她们发现甄宝玉和贾宝玉竟然长得一模一样。"唬了我们一跳！要是我们不进府来，倘若别处遇见，还只当我们的宝玉后赶着进了京呢。"她们走了之后，贾母喜得逢人便告诉还有一个宝玉，也都一般行景。史湘云也对宝玉说了一番话："你放心闹吧，先还'单丝不成线，独树不成林'，如今有了个对子了。闹厉害了，再打急了，你好逃到南京找那个去。"宝玉不信，二人就此还辩论了一番。弄得他心中也疑惑起来，闷闷不乐回房，在对着一面镜子的床榻上昏昏睡去。梦中遇到了和他家的大观园、怡红院相似的园子和院落，遇到了几个与鸳鸯、袭人等丫头脾气、语气相仿的丫鬟，更离奇的是，他见到了甄宝玉，两个人还进行了简单的交流。

关于甄宝玉、贾宝玉二人的关系，小说中早有伏笔。曹雪芹写他们有很多相同之处，尤其在第二回介绍贾、林两家的主要人物时，介绍了甄宝玉。到了第五十六回又写贾宝玉怀疑自己名字和甄宝玉相同外，是否相貌也相同。及至入梦后，所见的宝玉果真和自己相貌相同、性格相同，那么贾宝玉梦中所见的宝玉是甄宝玉，还是如贾母所说的人小魂不全，照镜子"做胡梦"？特别是贾宝玉入梦见到甄宝玉，后者也说他梦见在京城遇到了贾宝玉，见到贾宝玉，"偏他睡觉，空有皮囊，真性不知往那里去了"，这入梦者见梦中人讲述梦中见入梦者的传奇性的描写，让人感到十分离奇。这段情节一波三折，引人入胜，提出的问题也颇耐人寻味。对于甄宝玉的描写有传言、有梦遇、有实写，虚虚实实，曲折离奇，疑窦丛生，强烈地吸引读者和研究者进行深入思考和比较研究。

清代《怡红夜宴图》

《红楼梦》中，甄宝玉、贾宝玉二人及其家族有诸多相似之处：

①贾、甄两家都是功勋之后、诗礼之家，都享有接驾殊荣，都曾经获罪抄家，后来被赐还世职。

②贾、甄二玉同名、同貌，都受祖母溺爱。

③贾、甄二玉都尊重青年女性。贾宝玉说："女儿是水做的

骨肉，男子是泥做的骨肉。我见了女儿便清爽，见了男子便觉浊臭逼人。"甄宝玉也说："这'女儿'两个字极尊贵极清净的，比那瑞兽珍禽、奇花异草更觉希罕尊贵呢！"（见第二回）二人都喜欢在姐妹圈中厮混。贾宝玉最关心多病的表妹黛玉，甄宝玉也为妹妹病了"胡愁乱恨"。

④贾宝玉喜欢"明心见性"之人，甄宝玉也珍视别人的"真性"：他们都厌学逃学，干些"无法无天"的事，"大人想不到的话偏会说，想不到的事偏会行"。他们不愿和讲究仕途经济的人交往，不听从父师教导，都曾经神游太虚幻境。

小说的主人公无疑是贾宝玉，那么曹雪芹为什么偏要再写甄宝玉这样一个如此类似的人物？第五回，贾宝玉在"太虚幻境"中看到一副对联："假作真时真亦假，无为有处有还无。"前面我们谈到，石头、神瑛侍者、通灵宝玉、贾宝玉本是一体。按照作家"真假难辨，有无相生"的思想，这甄、贾二玉一真一假，亦真亦假，那么，甄宝玉亦即贾宝玉，二人原本也是一体。从荣格心理学原型理论的角度来看，贾宝玉和甄宝玉二人互为对方的阴影。

国家博物馆藏《大观园图》（局部）　清人绘

　　甄、贾二玉在小说的前半部分相似度之高，连他们自己都有点困惑。第五十六回，梦中两个宝玉听到"'老爷叫宝玉。'吓得二人皆慌了，一个宝玉就走。一个便忙叫'宝玉快回来！宝玉快回来！'"袭人笑问梦中自唤的宝玉："宝玉在哪里？"宝玉神思恍惚，指着门外说："才去不远。"作者这么写，显然不只是为了让故事更生动好看，而是另有深意：二玉本是一体。但是甄、贾二玉虽容貌相同、性格相同，但发展方向不同。经历了梦游太虚幻境之后，贾宝玉依然我行我素，继续甚至加倍善待身边的女孩；而甄宝玉"竟改了脾气了：好着时候的玩意儿一概都不要了，惟有念书为事。就有什么来引诱他，他也全不动心。如今渐渐的能够帮着老爷料理些家务了"（第九十三回）。二玉见面后，甄宝玉认为"他既和我同名同貌，也是三生石上的旧精魂了。我如今略知些道理，何不和他讲讲？"于是甄宝玉开始了现身说法："弟少时不知分量，自谓尚可琢磨；岂知家遭消索，数年来更比瓦砾犹贱。虽不敢说历尽甘苦，然世道人情，略略的领悟了些许。"（见第一一五回）贾宝玉一听这话，就觉得这也是"近了禄蠹的旧套"，但还是抱着一丝希望，又试探了一番。甄宝玉怕他怀疑自己的诚心，就继续自我检讨："弟少时也曾深恶那些旧套陈言，只是一年长似一年，家君致仕在家，懒于酬应，委弟接待。后来见过那些大人先生尽都是显亲扬名的人，便是著书立说，无非言忠言孝，自有一番立德立言的事业，方不枉生在圣明之时，也不致负了父亲师长养育教诲之恩，所以把少时那一派迂想痴情渐渐的淘汰了些。"听了这番话，贾宝玉下定决心要和这个与自己长得一模一样的禄蠹划清界限，"有了他，我竟要连我这个相貌都不要了"。

甄宝玉响应了家长和社会对他的期望，认同了他的人格面具——承担协助父亲料理家务，参加科举考试重振家族昔日荣耀的重任。但贾宝玉还依然坚持自己的初心，矢志不渝，不肯接受这样的安排，拒绝这种家庭责任和社会期待。至此，贾宝玉和甄宝玉就由原来未曾谋面却能相知相惜的知己转变为"道不同，不相为谋"的两类人。甄宝玉成了贾宝玉的阴影，被后者鄙视、嫌弃，而贾宝玉也成了甄宝玉的阴影，被甄宝玉视为幼稚无知，如同否定自己幼年时期的轻狂叛逆。

《红楼梦图咏》之贾宝玉梦甄宝玉

  作家在塑造二人诸多相同之处的同时，也突出了他们之间的差异：甄府曾四次接驾，贾家只接驾过一次；二人一降生就存在有玉无玉的差别；被抄家后甄宝玉决定要遵从教导走仕途之路，贾宝玉却决定看破红尘出家为僧；甄宝玉娶妻生子安心过活，贾宝玉乡试中举后一去不返。曹雪芹对贾、甄二玉的命名亦有"含蓄双关"之意。贾宝玉有此顽石，终成叛逆，甄宝玉无此顽石，蜕变为禄蠹；贾宝玉终于成为叛逆之子，不是君王和家长期望的宝贵人物，所以是"假"宝玉；甄宝玉"浪子回头"，成为主流道德观和价值观期待的忠臣孝子，所以是"真"宝玉。作者把"宝玉"的命名作为封建家长的观点予以贬斥，实际上是在褒扬和肯定具有永不低头的顽石般性格的贾宝玉。这一有一无、一真一假、一仕一隐、一扬一抑中折射出来的是那个时代所有贵族子弟或者整个社会的阴影。

总之，贾宝玉梦中所见的甄宝玉，不仅与自己同名同貌，而且性情相同。他不仅是贾宝玉镜中的影像，更是现实中与贾宝玉真假相对的阴影。他承担着贾宝玉自我分裂——人格面具和阴影之间决裂的哲学意义，二者在既对立又互倚周旋的过程中，体现了作者的人生价值取向。在这个奇特的梦里，两个宝玉偶然相逢又须臾分开，暗示他们的形象先合后分。一开始他们的思想颇为一致，貌合神亦合。后来，甄宝玉走上经济仕宦之路，贾宝玉抛弃妻子离家出走，意味着贾宝玉与其阴影甄宝玉或甄宝玉与其阴影贾宝玉貌虽合，神却离，两个角色由融合转向对立亦即人格面具与阴影由互相统一到彼此排斥。他们选择人生方式上的分歧以致最终决裂，更在对比中突出了叛逆与世俗无法调和的矛盾，也凸显了新旧道德之间的严重对立。

真假二玉之间原本不必如此水火不容，如果参加科考为官为政还能保证个人人格的相对独立和自由，贾宝玉就不用出家为僧了，甄宝玉也不用完全放弃和否定当初的自我。显然在那样的时代，这是不可能实现的幻想，作家曹雪芹早就看透了这一点，所以他以宝玉自我人格分裂的悲剧彰显那个时代的可悲与可叹。以世俗的观点看，贾宝玉的出家不可理喻，而从贾宝玉的角度看：他不能够改变冰冷残酷的现实，但是他可以选择离开，决绝地对抗。

第二节　异化与变形：梦由心生

在我国古代的志怪小说中，做梦者在梦境中出现异化与变形是十分常见的一种题材，这类梦通常带有一定的道德劝谏色彩。儒家的伦理纲常、佛教的因果报应、道家的神秘变幻、兼之人性本身的复杂多变，让这些故事变得波诡云谲、出人意料。本节尝试运用阴影原型解读其中的部分篇目，期望能带来不一样的阅读视角和体验。

一、搜神异梦

中国古代的小说家常常以史官自居，喜欢在创作、整理作品的过程中使用春秋笔法寓以春秋大义，或者至少也要担负一点社会公德的教育职责。干宝《搜神记》中的记梦小说就具有借梦境来惩恶劝善的理念，包括谴责失德之君、斥责失节之臣，以及表彰忠臣孝子、劝人行善行孝等。

汉灵帝梦见桓帝，怒曰："宋皇后有何罪过，而听用邪孽，使绝其命？渤海王悝，既已自贬，又受诛毙。今宋氏及悝，自诉于天，上帝震怒，罪在难救。"梦殊明察。帝既觉而恐，寻亦崩。（卷十《汉灵帝梦》）

《搜神记》插图

　　宋皇后虽位居皇后正位，却不受汉灵帝的宠爱。中常侍王甫枉杀勃海王刘悝及其王妃宋氏，宋氏是宋皇后的姑母，王甫因惧怕宋皇后会怨恨他，便与太中大夫程阿一起编造谎言陷害宋皇后，说宋皇后用巫蛊的办法诅咒别人。后宫中受宠嫔妃很多，也趁机共同联合起来诬陷和诋毁宋皇后。汉灵帝便相信了，下诏收回宋皇后的玺绶，废黜其皇后之位，并将她打入冷宫。宋皇后被打入冷宫不久，便抑郁而死，宋皇后的父亲宋酆和兄弟都受到牵连，下狱被诛杀。

　　汉灵帝刘宏是汉末臭名昭著的失德之君。他听信谗妒之说，不进行验证审察，就加罪诛杀，导致了王悝、宋皇后等人含冤致死，引起了群臣的不满和民心的动摇。故事中，他梦见桓帝怒斥"上帝震怒，罪在难救"。梦醒后刘宏很是恐慌，就把这件事告诉羽林左监许永，许永为宋皇后和刘悝等人鸣冤，建议他对枉死者一并改葬，使冤魂得到安息，同时让宋皇后被流放的亲族返回原籍，恢复勃海王的封爵，以安抚人心。但刘宏没有采纳许永的意见，没过多久就去世了。

汉灵帝在位期间，沉迷于美色和享乐之中，党锢之祸兴起，宦官把持大权，公开标价卖官鬻爵，肆意大兴土木，百姓难以为生。中平元年（184 年），爆发了声势浩大的黄巾起义，刚刚被平定，又爆发了凉州之乱。中平四年（187 年），又出现了幽州之乱。朝廷内忧外患，叛乱此起彼伏，也让骄纵淫乐的刘宏有所警醒。从表面上看，灵帝之死是"上帝"的旨意，然而从心理学的角度分析，灵帝梦见桓帝谴责，可以理解为他平时在道德舆论的压力下对自己平生所作所为深感恐惧，作为一位君王，他的失德、失察、无能、草率和贪婪给整个国家带来了深重的灾难。这场噩梦是他自己的阴影对他的警告，这是他重生的机会。可惜他始终不肯承认自己的错误，不肯改过自新。灵帝死后，他的两个儿子刘辩和刘协先后即位，刘协即傀儡皇帝汉献帝，一个群雄并起的三国时代拉开了帷幕，大汉王朝也就走到了历史的尽头。

《搜神记》中《贾充见府公》记载，贾充伐吴时，曾经驻扎在项城。有一天军营中忽然不见了贾充，帐下都督周勤大白天梦见贾氏被百余人逮捕，被带进一条小路。醒后周勤去找贾充，竟然见到所梦之路。沿途寻找，看到贾充在一座府邸中，被府公声色俱厉地训斥，"既惑吾子，又乱吾孙，间使任恺黜汝而不去，又使庾纯詈汝而不改。今吴寇当平，汝方表斩张华。汝之暗戆，皆此类也。若不悛慎，当旦夕加诛"。司马昭指责贾充和荀勖教坏了他的子孙，被当面揭穿还不知悔改，并预言其家人将不得善终。后来，果然如府公所言，贾谧死在钟下，贾后服毒酒而死，贾午被严刑拷打死于狱中。贾后即晋惠帝的皇后贾南风，贾午是贾充的小女儿，贾谧为贾充外孙贾午的儿子韩谧。因贾充的儿子早死，韩谧过继给贾家为嗣，改姓贾。贾充死后，贾谧继承贾充爵位。

贾充阿谀谄媚，为人阴险，结党营私，陷害忠良。在魏朝，他参与司马氏代魏之密谋，指使部下成济杀死魏帝曹髦，弑君欺主，臣节有亏。在晋朝，他素"无公方之操，不能正身率下，专以谄媚取"，可以说他是"非惟魏朝之悖逆，抑亦晋室之罪人者"，这种人无德而禄，且家门不正，必然会祸及子孙甚至整个国家。他的女儿贾南风嫁给历史上著名的傻子皇帝司马衷。晋武帝在世时，朝上大臣都看出这位太子实在不堪重任，但因为是长子，又是贾充的女婿，最终还是让司马衷继位。后来贾南风擅权，导致八王之乱，包括后来的五胡乱华皆由此始。赵王司马伦入京后，废贾后，杀贾谧。贾氏一门虽权倾一时，在乱局中还是难以善终。这个故事讲述了贾充在世时他的部下周勤做的一个梦，但这段府公斥责贾充的情节是周勤在清醒状态下的亲眼所见，亦真亦假难以辨别。这样的安排暗含着人们对他的不满和诅咒，而梦中的预言更具有警示意义：不节之臣、谗佞小人必然没有好下场，灾祸会延及子孙。

阴影即人的先天倾向，它是人性中阴暗的、未被意识到的一面。它包括一切激情和不道德的欲望和行为。它是本性中的原始部分。人身上的一切邪恶的根源存在于阴影之中。所以，人若要避免邪恶，就必须识别和掌控阴影中兽性的一面。贪财、好色、擅权、享乐等是人格中阴暗的一面，是无论帝王、臣子还是普通百姓都具有的人性弱点。一旦不加辨别地沉溺其中，就会完全被这些邪恶的能量控制，失德乱性，成为昏君庸主、乱臣贼子，人人得而诛之，至死都得不到安宁。

《搜神记》中也记载了一些道德高尚、品行端正的大臣和平民的梦境。卷九《何比干得符策》，何比干（汉武帝时任廷尉正）大白天梦见贵客车骑满门，醒后有一老妪来他家避雨，送给他符策九百九十枚，说："公有阴德，今天锡君策，以广公之子孙。"后来他的子孙果然屡膺荣位。据《后汉书·何敞传》李贤注引《何氏家传》，何比干是何敞的六世祖，曾以仁恕之道抵制酷吏张汤。其执法公平，曾挽救过数千人的性命。了解何氏家史的人都清楚，并非上天偏爱他们，而是因为何氏有着良好的家风。何敞之父何宠东汉初曾为千乘都尉，后借病隐居不仕；何敞则是一位儒者，正道直行，关心民间疾苦，官至汝南太守。这些才是何氏子孙享受荣禄的原因。把该梦境与《何氏家传》相对照，可以理解为何氏以此故事激励子孙行善积德。

在卷五《王祐与赵公明府参佐》中，散骑侍郎王祐病重，与年迈的母亲告别。随后进入弥留之际的梦幻状态，见到了一位鬼仙——瘟神赵公明的手下，他乞求鬼仙让自己复活："老母年高，兄弟无有，一旦死亡，前无供养。"鬼仙原本是过来接他去阴间帮忙打仗的，却被他感动了："卿位为常伯，而家无余财。向闻与尊夫人辞决，言辞哀苦。然则卿国士也，如何可令死。吾当相为。"他为官清廉，做事敬业，又对母亲一片孝心，感动了赵公明，最终复活并安然度过了瘟疫和战乱。

在卷十《徐泰梦》中，徐泰从小被叔父养大，叔父很爱他，"甚于所生"。叔父生病，徐泰每天侍奉，不敢怠慢。一日，徐泰梦见两个陌生人拿出一个簿子对他说："汝叔应死。"徐泰恳求二人，二人考虑徐泰孝顺忠厚，就找了一个同名者代替，使得徐泰的叔父免于一死。

《搜神记》插图

　　《搜神记》中还有一些寓有推崇诚实、劝诫轻浮的梦境故事。
卷四《张璞投女》讲述吴郡太守张璞在应召返京的途中，经过庐
山神庙，婢女戏言以一神像为小姐配偶。当天晚上，张璞的妻子
梦到山神庐君感谢她把女儿嫁给了他的儿子。为了躲避庐君，第
二天他们改走水路，但船在水中怎么也动不了。他的妻子心疼自
己的女儿，就把张璞的侄女投进河里，送给了庐君。张璞知道后
大怒："吾何面目于当世也！"坚持履行诺言，"乃复投己女"。庐

君有感于他的义举，便派主簿将已被投沉的二女送还，作为对其诚笃守信的回报。

张璞的妻子作为母亲疼爱自己的女儿并没有错，如果张璞当时能想办法挽救女儿的生命，而不是听天由命，她或许不会让侄女做替死鬼。张璞狠心把亲生女儿扔进河里完全违背人之常情。庐君大概只是与张璞开了个玩笑，因为他也深知"鬼神非匹"，即人与鬼神无法婚配。但张璞过于认同那些僵化的礼义道德，差点导致了悲剧的发生。因此，可以看出，小说中宣扬的"道""义"是极为刻板和违背人性的。这种过度夸大的人格面具会导致阴影——一位母亲出于本能的偷梁换柱行为的产生。《徐泰梦》也存在过度宣扬孝道的问题，不想让自己的叔父死，就找一个同名人代替。这也是一个集体面具（愚孝）与阴影（贪生怕死）相对峙的问题。

王充《论衡·订鬼》说"凡天地之间有鬼，非人死精神为之也，皆人思念存想之所致也"。梦里的鬼神形象是人的无意识根据现实生活幻化出来的，是现实世界的反映。人、鬼、神在梦里交流来往看起来极为荒诞，其背后的心理动力正是人内心深处被激活的无意识，包括阴影。

二、鱼与人——人生的困境

孙悟空拜师学艺①

　　两汉时期佛教传入中国，因果轮回的思想逐渐在民间传播开来。古人笃信巫术，汉末以来尤甚。道教在汉唐时期发展迅速，

　　①　吴承恩著，吴宝横等编：《中国古典名著连环画：西游记（收藏版）》，北京：海豚出版社2008年版。

精怪鬼神思想盛行。在这样的文化和社会背景中，变形故事成了中国古代小说中一个非常受欢迎的题材。历史上最著名的当然是四大名著之一《西游记》了。其中最深入人心的角色是孙悟空。其迷人之处在于他会翻筋斗云和七十二变，时空限制、律法约束对他似乎都不起作用。他是中国人向往自由、崇尚自然的一种心象。但他仍然逃脱不了由儒家伦理和佛法共同交织而成的无形之网。他的故事脱胎于当时中国的文化与宗教背景。文化和宗教历来就是贮藏有变形作用的心象的宝库。自远古以来，人类文化就覆蔽和珍藏着集体无意识的原始心象，人们会在宗教仪式或祭拜神灵时不自觉地使用它们。在文学创作领域，这种心象及其变形也常常自发地出现，它们多具有深刻的原型意义。

　　在唐代志怪小说中有几篇关于梦鱼的故事，如《广异记·张纵》《酉阳杂俎·续集卷三·韩确》《续玄怪录·薛伟》。前两则故事内容相似，大致是说主人公喜欢吃鱼，梦见自己也变成了一条鱼，本在湖水中享受自由自在之乐，忽然被渔夫用渔网捉住，送到厨房杀死做成菜肴被人吃掉，死去的瞬间梦醒（复活）。第三则使用了前两个故事的框架，使情节更加曲折，寓意更为深刻。小说写唐代乾元元年，蜀州青城县主簿薛伟患热病七日"奄然若往"，但"心头微暖，家人不忍即殓，环而伺之"。二十余日后，忽然"长吁坐起"，召集众官员问话，并向其叙说、印证自己在病榻上的一个梦。

吾初疾困，为热所逼，殆不可堪。忽闷，忘其疾，恶热求凉，策杖而去，不知其梦也，既出郭，其心欣欣然，若笼禽槛兽之得逸，莫我如也。渐入山，山行益闷，遂下游于江畔。见江潭深净，秋色可爱，轻涟不动，镜涵远空。忽有思浴意，遂脱衣于岸，跳身便入。自幼狎水，成人已来，绝不复戏，遇此纵适，实契宿心。且曰："人浮不如鱼快也，安得摄鱼而健游乎？"

薛伟被热病困扰，梦中走出城外，想要找一处凉爽的地方，一直走到江边，忍不住跳了下去。想起幼年畅游水中的乐趣，不禁羡慕鱼在江中的自由自在。很快，河伯下了诏书，让他如愿变成了东潭中的红鲤鱼。

于是，放身而游，意往斯到。波上潭底，莫不从容。三江五湖，腾跃将遍。然配留东潭，每暮必复。俄而饥甚，求食不得，循舟而行，忽见赵干垂钓，其饵芳香，心亦知戒，不觉近口。曰："我人也，暂时为鱼，不能求食，乃吞其钩乎！"舍之而去。有顷，饥益甚，思曰："我是官人，戏而鱼服，纵吞其钩，赵干岂杀我，固当送我归县耳。"遂吞之。

他获得了鱼类的身份和功能，可以游遍江河湖海，同样也具有了鱼在生理上的需求，饿了会吞下鱼饵。接下来张弼买鱼，他被带入县衙，先后遇到县吏、邹滂、雷济，以及厨师王士良。他一再说明自己的身份，恳求他们放自己一条生路，最终还是被宰杀烹煮。

现实中，薛伟是一个主管文书的低级官吏。"主簿"这个职位就是他的人格面具，这个面具赋予了他一定的职权和社会地位，但也给他带来了很多困扰：同僚之间的互相排挤、竞争，上下属之间的利用、谄媚、欺压，以及派系之争等。这是作者李复言所处的中晚唐时期的官场实景。在这样的煎熬下，主人公生病了，渴望山野生活，向往游鱼的自由。而真的变身为鱼，同样无法掌握自己的命运，人为刀俎我为鱼肉，只能任人摆布。

书中描写鱼头人宣读河伯诏书的一段寓意深刻：

城居水游，浮沉异道，苟非其好，则昧通波。薛主簿意尚浮深，迹思闲旷。乐浩汗之域，放怀清江；厌嵫峿之情，投簪幻世。暂从鳞化，非遽成身。可权充东潭赤鲤。呜呼！恃长波而倾舟，得罪于晦；昧纤钩而贪饵，见伤于明。无惑失身，以羞其党。尔其勉之。

"你薛主簿只是在官场上待腻了，临时想享受一下旷野的闲适而已，不是真的想出世。为了满足你，就让你暂时变成一条鱼吧，哪天你想变回去了，随时可以再变成人……哎呀，你这条骄纵的大鲤鱼啊，撞翻舟船还有恃无恐，又贪吃吞了鱼饵，真是罪有应得！"

这分明是在嘲讽那些傲慢、贪婪又假装清高的官吏。薛伟明知道一旦被抓住就一定会失去作为鱼的自由，还是故意吃下了诱饵。被抓住后，已经变成鱼的他还不忘亮出自己的身份："我是汝县主簿，化形为鱼游江，何得不拜我？"对着厨师他又大喊"汝是我之常使脍手也"。想要放怀清江、海阔天空，又想颐指气使、享受特权，太贪得无厌了吧。要么忍受官场上的明争暗斗，享受荣华富贵；要么彻底离开官场，过"采菊东篱下，悠然见南山"的隐居生活。鱼和熊掌不可兼得。这个故事折射出了一些官员内心的矛盾：对权势、财富、享乐的贪婪和在重压之下对自由的渴望，即人格面具和阴影的对立。

梦中的鱼即"我"，即梦主薛伟，人也。人获得了鱼的自由，却丢掉了性命；被杀之前呼喊求告，却没人听得见。渴望自由却不由自主地陷入绝境，渴望与人沟通却无人理解。孤独和痛苦源于贪婪，悖谬和荒诞源于执念。人总是很轻易地被肉体和感官的享受控制，所以很难看清楚自己真正想要什么。故事不再强调主人公爱吃鱼，就淡化了佛教因果报应的色彩，而融入了对人生困境的思考。也因此，这个变形的梦具有很强的哲学意义，发人深思。不知道主人公薛伟是否领悟了其中的深意？

一个有变形作用的心象是一个能够改变心理能量流的方向和使它的特定表现方式发生变化的心象。这一心象与个体的本能需要密切关联，它提供了维系心灵平衡、完整的可能，但如果忽略它的预警意义，也可能压抑人性并导致片面和扭曲。梦为意识潜在地提供了有变形作用的心象，但其结果依赖于一个人对它们所做的工作。故事的结尾，"于是三君并投脍，终身不食。伟自此平愈，后累迁华阳丞，乃卒"。薛伟的三个朋友从此以后不再吃鱼，薛伟本人病愈了，也升官了。但薛伟有没有深入探索他的这个梦，他的内心究竟发生了怎样的变化，他的心理和精神世界是否有所整合？我们就不得而知了。

三、一个父亲的梦——《梦狼》

《梦狼》是《聊斋志异》中的名篇。白翁的大儿子白甲，在江南做官，一去三年没有消息。一天，有位远房的丁姓亲戚到家里做客。这位亲戚平日就在阴曹地府当差，知道很多离奇的事情。二人一边吃饭一边闲聊，不过白翁并不是很相信他的话。几天后，他刚躺下就梦到这位亲戚过来，说要带他去见识一番。接下来在阴间的经历让他心惊胆战、寝食难安。

梦中白翁先是到了外甥的官署，接着又到了儿子的衙署。白翁看到府邸到处是恶狼，堂屋前的高台上，白骨堆积如山，内心十分恐惧。白甲看到父亲来了，高兴地给父亲准备饭菜。此时，刚好一头巨狼叼着一个死人跑过来，白甲说要用这个给父亲做几样菜。白翁非常害怕，连忙制止，并要求离开，却被群狼围住，无法脱身。正在进退两难之际，那群狼突然被吓得四处躲藏。原来是来了两个金甲猛士，他们捉住了白甲，白甲倒地变成了一只斑斓猛虎。一个金甲猛士要砍掉白甲的脑袋，另一个说，"不着急，这是明年的事，先把他的牙齿敲掉"。于是，就拿出大锤子把老虎的牙齿敲得七零八落，老虎痛得大吼大叫。

白翁被吓醒了，原来是做了一个噩梦，非常害怕，第二天就让小儿子到白甲那儿看看。结果白甲就是在白翁做梦的那天酒醉骑马摔掉了牙齿。弟弟很吃惊，连忙拿出父亲的书信，白甲读完后脸色都变了，但他并没有太重视。当时，买官卖官盛行，白甲刚刚成功贿赂了上司，在升职的推荐名单中排名第一，官运亨通的他当然不会将父亲的一场怪梦放在心上。弟弟在白甲的府上住了几天，每天都看到蠹役满堂，送礼拉关系的人几乎踏破了门槛，就哭着劝兄长不要再这样下去，但白甲反而责备弟弟孤陋寡闻，不懂官场"潜规则"。

《梦狼》插图①

① 广百宋斋编绘：《聊斋志异图咏》，武汉：湖北美术出版社 2016 年版。

不久，父亲的梦就进一步得到了验证。

四月间，甲解任，甫离境，即遭寇，甲倾装以献之。诸寇曰："我等来，为一邑之民泄冤愤耳，宁专为此哉！"遂决其首。

白甲在赴任的途中遭遇贼寇，他将随身所有财物都献上，最终还是被砍了头。原来他们是为了替白甲管制下的老百姓发泄怨愤。地府的官员怜悯他父亲难以承受老年丧子之痛，就把他的头接上了。白甲虽然复活，眼睛却只能看见自己的后背，变得人不像人鬼不像鬼，官也做不成了。得到消息后，白翁派小儿子把他接回了老家。

这是一则寓言。孔子说"苛政猛于虎"，虎成了贪酷官员、黑暗政治的常见意象。"官虎吏狼"是民间流传的说法，小说中，作者借助梦境将其演化为事实。儿子成了欺压百姓、收受贿赂、买卖官职、无恶不作的大贪官，做噩梦的却是父亲。为什么呢？

因为白甲的所作所为是当时仕途畅通的"官窍"，是"正常"行为。他不认为自己有错，怎么会做噩梦呢？正如他对弟弟所说：

弟日居衡茅，故不知仕途之官窍耳。黜陟之权，在上台，不在百姓。上台喜，便是好官；爱百姓，何术复令上台喜也？

"弟弟你老在家中，哪知道做官的诀窍？降职、升职的权力都由上司掌握，不由百姓做主。让上司高兴，你就是'好官'；爱百姓，有啥方法能让上司高兴啊？"这种官场逻辑显然有悖于传统的道德理念，也不符合普通老百姓的认知。可见，当时官场上的价值观念多么荒谬和混乱！

被摈弃的人格要素会在另一个地方找到栖身之所。不论什么被否定都会在另一个人或另一群人身上被找到。亲人之间的微妙关系让他们的无意识可以相连相通，包括阴影。前文就谈到了金河公主的女儿替她母亲做的两个梦。在这里，儿子认为理所当然的事情，却让父亲内疚和自责不已，父亲看到并承受了儿子的阴影。

弟知不可劝止，遂归告父，翁闻之大哭。无可如何，惟捐家济贫，日祷于神，但求逆子之报，不累妻孥。

次年，报甲以荐举作吏部，贺者盈门；翁惟欷歔，伏枕托疾不出。

古人相信"刑官无后"，对于滥用刑罚权的官员，恶果会报应在子孙头上，甚至会断子绝孙。长子对家人的劝告置若罔闻、一意孤行，父亲大哭一场，实在没别的办法，只能捐出家产周济贫困，日夜向神灵祷告，但求逆子自身得到报应，不要连累家人。第二年长子荣升为吏部官员，大家都来庆祝，老人却托病不肯出面接待，因为他觉得这是一种耻辱，也是上天对儿子的惩罚即将降临的前兆。

　　一个人的命运是由一系列有变形作用的心象和经验形成的。一个人作为一个独一无二的个体的完整性和潜能，是通过这些变形实现的。借助于那把心理动能纳入某种态度、动机和行为的心象，一个人便成了其最理想和独一无二的人。白甲的刚愎和狂妄使他既不会出现这样的心象——做有所悔悟的梦，更不可能反思自己的行为，完善自己的品德和人格。诺伊曼在《深度心理学与新道德》中提到，正确对待阴影的态度是识别阴影、承认阴影和整合阴影。通过一场看似荒诞的梦，白翁看到了长子的阴影——黑白不分的观念和极端恶劣的行为。随后他写信、派小儿子登门劝告、散财济贫、拒绝待客等，这些行为实际上是在替长子认错、反省和赎罪。父亲努力在为儿子做变形、回归正道、自我救赎的准备。正是他的虔诚和善行救了儿子一命。

　　甲魂伏道旁，见一宰官过，问："杀者何人？"前驱者曰："某县白知县也。"宰官曰："此白某之子，不宜使老后见此凶惨，宜续其头。"即有一人掇头置腔上，曰："邪人不宜使正，以肩承领可也。"

　　"看在你善良又年迈的父亲的份上，可以饶你一命，但死罪可免，活罪难逃。头不能给你安得太正，下半辈子你得用肩膀托着下巴、眼睛看着你的后背。""甲虽复生，而目能自顾其背，不复齿人数矣。"白甲基本成了一个废人，也成了整个家族的耻辱。白甲谐音"败家"。经过他这么一大通折腾，整个家族应该是元气大伤，他实实在在成了白家的败家子。

白甲为官不仁导致被义寇斩首，父亲行善积德换回儿子复活，外甥为官清廉得到升迁，父亲的离奇梦境一一得到验证。这样的故事情节看似十分荒唐，但它符合世人"恶有恶报，善有善报"的心理，可用情感的逻辑加以解释。佛教的因果报应观念集中体现在这一类小说中，其劝人向善的社会教育意图十分明显。

但这篇小说的主题显然不只如此。

梦中白翁的儿子变成了一只猛虎，该文的题目却是"梦狼"。是何用意？其中李匡九和杨公的故事耐人寻味。如果说，白甲的官衙是"虎窝狼穴"，那么，李匡九和杨公应该还是有良知的官员，可为什么他们的官衙也是黑暗不堪呢？究其原因，李匡九是"纵狼而不自知"，杨公是"以赤子饲麻胡"，这两个评价非常严苛，却是事实。官虽不是"虎"，可手下的吏狡猾奸诈，不仅深谙百姓心理，更摸透了上级的脾性，加之熟悉各项业务，"吃"起人来更加得心应手、肆无忌惮。"狼诈多端，此辈败我阴骘，甚至丧我身家"，蒲松龄这样的提醒真是振聋发聩。"官虎吏狼"，这个隐喻和影射就是对古代某些时期的官场，特别是清朝官场最生动的刻画。

《说文解字》："官者，史事君也。吏者，治人者也。"官和吏

有着明确的职能分工，官者管也，也就是那些为皇上办事，直接
受皇帝领导的为官者。而吏，是为官服务的，不一定受朝廷的直
接管理，却直接负责治理民事。古代的地方官员通常是几年一
任，有升迁，有贬谪，有调任，正所谓"铁打的衙门流水的官"。
衙门里的官员不停地更换，但是同一个衙门里的吏则相对较为稳
定。因为吏长期驻扎本地，十分熟悉各项业务，在遇到某些具体
事务时，官员也常常要向他们咨询请教。这种依赖为吏的贪、
奸、弄权提供了便利条件。官贪，吏更贪，因为要满足双层的贪
欲，即使官不贪，吏也会擅用职权，中饱私囊。"官虎吏狼"之
比形象地体现了中国古代特有的官场生态：一个正直清廉的官员
是没有生存空间的，即便上级能够容忍，跟随他的胥吏也无法忍
受，最明智的选择就是蝇营狗苟、同流合污，这样才能皆大
欢喜。

　　所以晚清小说家李伯元说："衙门里的人，一个个是饿虎饥
鹰，不叫他们敲诈百姓，敲诈哪个呢？俗语说得好，'大鱼吃小
鱼，小鱼吃虾子'。原是一肩到一肩的。又说是'千里做官只为
财'。官不为财，谁肯拿成万银子，捐那大八成的花样呢？然而，
做官的还有钱粮好收、漕米好收，一年到头，也赚得够了。稍些
知足的人，还不肯要那桌子底下的肮脏钱。至于这些书办衙役，
他们有个口号，叫作'靠山吃山，靠水吃水'。经了他们的手，
没有一个放过的。"异史氏更感叹："窃叹天下之官虎而吏狼者，
比比也。即官不为虎，而吏且将为狼，况有猛于虎者耶！夫人患

不能自顾其后耳；苏而使之自顾，鬼神之教微矣哉！"

　　儿子在官场上的罪行要靠老父亲和家人来救赎，众多贪官污吏造成的恶果则要天下的百姓承受。官可恶，吏可恨，何况还有更可怕的人！他们组合在一起，形成了整个国家在政治领域的阴影，耗费了我们民族大量的人财物力，制造了无数的家国悲剧。这是一种更大的"败家"，败的是整个国家。历史上有多少王朝因为统治者自身的贪腐暴虐失掉民心，而被起义的农民和入侵的外族，或者别的政治力量攻破，实现了朝代的更替？"虎狼"意象可以看作是我们整个民族有关官场心象的变形。从这个意义上看，白翁的梦其实是一场很有寓意的大梦，是一个与整个国家的政治和历史有关的梦。

第三节　因果·阴影：转化之殇

　　明代中叶政治黑暗，世风日下，文人感于世道艰难，心怀幽愤，但又长期受儒家思想影响，希望能够维护正常的社会秩序。一些小说家则借由小说和故事大力提倡惩恶扬善，以达到教育和引导民众的作用。"三言二拍"就构筑了一个相对比较公正的阴界来对人物进行裁决，抑制纠纷恶化，保持社会稳定，希望借用天道来实现人间的正义。小说中充满了教诲和训导，作家的初衷是借助小说中的果报思想来达到其说教目的，将道德教化与小说中的果报故事结合起来，从侧面弘扬传统道德。因此，"二言二拍"中的大部分作品都写到了因果报应，涉及的内容十分广泛，主题多是道德劝诫。其中善恶行为报应的区别十分明显，背信弃义受到恶报，知恩图报获得善报。通过行善者与作恶者不同结局的描写，表达出一种扬善除恶的思想倾向。这种创作动机在明代的其他作品中也表现得很突出，如兰陵笑笑生的《金瓶梅》。本节就此类小说中的部分涉梦作品和情节展开探讨。

一、昼夜分裂——牧童的富贵梦

《二刻拍案惊奇》卷十九《田舍翁时时经理　牧童儿夜夜尊荣》，讲述了一个牧童言寄儿昼夜分裂、贫富悬殊、现实和梦境截然不同——"日里是本相，夜里做王公"的奇特经历。

言寄儿从小父母双亡，因寄养在别人家，故取名寄儿。他"生来愚蠢，不识一字，也没本事做别件生理，只好出力做工度活"。一天，寄儿正在山边拔草，遇到一个绾着双丫髻的道士，道士认为他"尽有道骨，可惜痴性颇重，苦障未除"，就传授了一个五字口诀给他，只要临睡前念一百遍"婆珊婆演底"，就会做一个美梦。此后，他每天白天吃苦出力，给东家莫翁放牛，晚上睡梦中高官厚禄、享尽荣华富贵。后来寄儿认为梦是反的，他白天所受的罪正是因为晚上梦中享乐太多，就不再念那五字咒语，结果他开始做噩梦。第二天他却发了一笔横财——意外发现了一大窖金银。莫翁知道后，认他做了干儿子。成为少东家的他开始了养尊处优的生活。但"此番之后，晚间睡去，就做那险恶之梦。不是被火烧水没，便是被盗劫官刑"。他整日神思恍惚，很快就一病不起。此时道人再次现身，告诉他："人世有好必有歉，有荣华必有销歇。"他顿时开悟，拜师跟着道人云游去了。

小说的前半段，凌濛初设计了五个梦境与现实进行对比：梦境中大富大贵，美满幸福；现实中苦厄困顿，难以度日。现实和梦境互相穿插，一会儿在现实，一会儿又进入梦境，现实和梦境反向对应，具有很强的艺术张力和戏剧效果。在结构上，这五个连环梦层层递进，梦境与现实形成两个情境，增添了立体感和层次感。但对于主人公而言，这种分裂和对比却让他身心备受煎熬，苦不堪言。

我们来看看他的五个梦境和现实中的处境。第一个梦：

却说寄儿睡去，梦见身为儒生，粗知文义，正在街上斯文气象，摇来摆去。忽然见个人来说道："华胥国王黄榜招贤，何不去求取功名，图个出身？"寄儿听见，急取官名寄华，恍恍惚惚，不知涂抹了些甚么东西，叫做万言长策，将去献与国王。国王发与那拿文衡的看阅，寄华使用了些哀蹄金作为赞礼。掌文衡的大悦，说这个文字乃惊天动地之才，古今罕有。加上批点，呈与国王。国王授为著作郎，主天下文章之事。旗帜鼓乐，高头骏马，送入衙门到任。寄华此时身子如在云里雾里，好不风骚！

寄儿正春风得意，突然从马上跌落，惊醒后发现自己睡在草铺上，心里还在想着梦中的场景，邻居沙三跑过来说要介绍他到莫翁家当牧童。梦里寄儿给华胥国国王献了万言长策，被封为著作郎，现实中他连在受雇佣的文书上画个押都不会。领了工钱和钥匙，他就到东家提供的草房里休息，躺下后接着做梦。这是他的第二个梦：

寄儿一觉睡去，仍旧是昨夜言寄华的身分，顶冠束带，新到著作郎衙门升堂理事。只见跄跄跻跻，一群儒生将着文卷，多来请教。寄华一一批答，好的歹的，圈的抹的，发将下去，纷纷争看。众人也有服的，也有不服的，喧哗闹嚷起来。寄华发出规条，吩咐多要遵绳束，如不伏者，定加鞭笞。众儒方弭耳拱听，不敢放肆，俱各从容雅步，逡巡而退。是日，同衙门官摆着公会筵席，特贺到任。美酒嘉肴，珍馐百味，歌的歌，舞的舞，大家尽欢。直吃到斗转参横，才得席散，回转衙门里来。

醒来后，寄儿看着自己的褴褛衣衫，回味着梦中的美酒佳肴，不觉苦笑。此时主翁家的老仆人过来给他办理牛畜的交接手续，沙三则带了一壶酒、一碗肉、一碗芋头、一碟豆过来，三人一起吃了起来，算是为寄儿庆祝。寄儿一边吃一边想："我昨夜梦里的筵席，好不齐整。今却受用得这些东西，岂不天地悬绝！"

寄儿酒量不好，很快就醉了，醉梦中又到了华胥国。国王特赐他"锦衣冠带一袭，黄盖一顶，导从鼓吹一部"。这是他的第三个梦。酒醒后主人莫翁给了他一副蓑笠、一支短笛，他嫌太阳太晒，想要一把伞，主人让他摘取池塘里的大荷叶遮阳。

　　牛背上自想道："我在华胥国里是个贵人，今要一把日照也不能够了，却叫我擎着荷叶遮身。"猛然想道："这就是梦里的黄盖了，蓑与笠就是锦袍官帽了。"横了笛，吹了两声，笑道："这可不是一部鼓吹么？我而今想来，只是睡的快活。"

《牧牛图》　齐白石绘

此后每天他白天牧牛、晚上做梦，"自此之后，但是睡去，就在华胥国去受用富贵，醒来只在山坡去处做牧童。无日不如此，无梦不如此"。接着小说又叙述了他的另外两个梦。第四个梦：国王招婿，寄华才华出众，被招为驸马都尉，娶了才貌双全的范阳公主，地位更加显赫，享受更多的富贵。现实中，主人又交给他一匹母驴，寄儿的放牧任务加重，他几乎"饮食无暇"，非常辛苦。

第五个梦：梦中邻邦玄菟、乐浪侵扰边境，寄华派使者讲和，果然两国不再侵犯。皇帝论功行赏，寄华被封为黑甜乡侯，提高俸禄至九锡。现实中寄儿丢失两头牛，被主人打了九下扁担。一方面功成名就，锦衣玉食；另一方面大意丢牲口，苦不堪言。两相对比，形成贫富悬殊的张力。

人对权力、地位、金钱、美色等的贪婪永无止境，一旦被这些贪念控制，很难回头。在这一次的梦中，言寄华的荣耀已达至顶峰。有人劝他见好就收，急流勇退，但他仍然执迷不悟。

自朝归第，有一个书生叩马上言，道："日中必昃，月满必亏。明公功名到此，已无可加。急流勇退，此其时矣。直待福过灾生，只恐悔之无及！"言寄华此时志得意满，那里听他？笑道："我命中生得好，自然富贵逼人，有福消受，何须过虑，只管目前享用够了。寒酸见识，晓得什么？"

此次梦醒后，他坚定地认为白天的丢牛和挨打是晚上的美梦造成的，就决定不再念咒。梦中不享福白天的日子就会好过了吧？但是他开始做噩梦。

第一个噩梦：范阳公主病危"疽发于背，偃蹇不起"。寄华被小臣告发，被国王"削去封爵，不许他重登著作堂，锁去大窖边听罪"。醒来后，寄儿发现驴子的背上烂了一大块，他怕主人责打，赶紧给它洗澡、喂新鲜的嫩草。拔草时，寄儿意外发现了一大窖金银财宝，得到了老东家莫翁的另眼相待。"昨夜梦中吃苦，谁想粪窖正应着发财，今日反得好处。果然梦是反的，我要那梦中富贵则甚？那五字真言，不要念他了。"尝到了甜头，他对现实生活有了更多的期望。

接着他又做了第二个噩梦："其夜睡去，梦见国王将言寄华家产抄没，发在养济院中度日。"现实中莫翁和老伴商量之后决定认寄儿做干儿子，共享那一窖金银。就这样，一夜之间，寄儿更名"莫继"，成为莫家的少东家。此后每天晚上他都是噩梦缠身，痛苦不堪。现在，现实和梦境依然相反，只是调换了一下：他白天享福，晚上受罪。

这篇小说的构思并不是凌濛初的独创，而是源自《列子》。《列子》中有一个故事，说周朝有一个富翁，因为天天想着如何挣钱，弄得身心俱疲，晚上一入睡就梦见自己给人家当奴仆，累得要死还要挨打受骂。而他家的一个年老体弱、整天被人使唤的老奴仆，一到晚上就梦见自己成为国王，什么活都不用干，还吃喝玩乐、要啥有啥。

此外，言寄儿之梦，也与《黄粱梦》一脉相承。主人公都是在梦中用金钱贿赂高官，为自己的仕途铺路，不久便平步青云，身居要职，在梦中追名逐利，享尽荣华富贵。但《黄粱梦》是一梦贯穿始终，文章以入梦开头，以梦醒结束，故事主体是主人公卢生在梦中经历宦海沉浮，梦醒后恍然大悟，看破尘世，随吕洞宾去神仙境地。而言寄儿则是两条线齐头并进。白天叙述言寄儿的现实生活，在莫翁家受雇，辛苦牧牛。晚上则描述他梦中在华胥国建功立业，风光得意。两条线交替进行，形成强烈的反差。

相比《列子》中的故事和《黄粱梦》而言，这篇小说的雕琢和教化色彩更为浓厚。主人公有三个名字：言寄儿、言寄华、莫继，每个名字都寓意深刻。主人公姓"言"，言即谈论、讲故事。他是南华老仙看中的很有"道骨"的未来高徒，因寄生在尘世，故名"寄儿"。华胥国中的富贵梦和现实中的牧童生涯的强烈反差是他得道成仙过程中的历练，"寄华"即以华胥梦令其看破尘世的繁华；后他改名"莫继"，从字面上看是说他做了莫翁的干儿子，要继承莫家的一切，其寓意却是：不要再继续做梦了，快快开悟吧！因此，这个故事其实也是道家宣扬出世思想的一个杜撰。

柏拉图在《理想国》中把城邦的公民分成三种类型：那些主要由经济利益和金钱能够买得到的感官快乐的人；那些热心于获得权力和享受名声的人；那些宁愿有距离地观察生活、对经验进行反思、追求智慧的人——哲学家。这里的人部分地受到快乐、权力和智慧等这些欲望的影响。"做得最好的，往往是那些力求保持三者的平衡、能使每一种需求都得到满足又不会被其中任何一种欲望控制的人。"

这显然是一种过于理想的状态，普通人很难做到。因为每一种欲望都强烈有力、不容易妥协。尤其感觉器官不知不觉就会支配人的整个生活，变成一个人主要的生活目的。而权力和名望在人际交往中常常具有决定性的作用，它们会成为人们在满足基本的物质需求之后进一步追求的主要目标。这些也正是言寄儿、卢生、富翁、老奴仆，以及芸芸众生中的绝大多数人都在追求的人生目标。过度追求、不劳而获、不择手段就会超出道德底线，就会变成人们的阴影。

书生在考中科举之前往往穷困潦倒，一旦考上立刻飞黄腾达、呼风唤雨，这是古代小说和戏曲中最常见的桥段。其他的如经商、修道等大致也会有类似的经历。这种分裂助长了个体不健全的人格和畸形的社会风气。言寄儿前期的美梦与窘境以及后期的噩梦与顺境，这种对立和脱节让他好像得了精神病，不断地出现幻觉。对知识和智慧的追求又何尝不会片面化、极端化呢？小说过分宣传求仙学道的好处和道家的智慧就是另外一个极端。"最佳的状态是在各种本能之间取得平衡，让每种本能适度地各得其所，力求完整而不是完美。"寄儿通过自己的辛勤劳动，应该也能成家立业、娶妻生子。虽然生活可能会比较清苦，但也能过上正常的生活，享受天伦之乐，过一个完整的人生。但小说中他承担了人性贪婪的阴影，这一切就被剥夺了。

二、财色之"劫"——天谴人怨薄情郎

明代商品经济发展十分迅速，人们热衷于追求感官和物质的享受，为满足钱财色欲往往不择手段。在很多小说中，贪欲获得满足之后，人们也会受到应有的惩罚。如《二刻拍案惊奇》卷十四《赵县君乔送黄柑　吴宣教干偿白镪》中谈到，有钱有势的权贵和富豪，不惜花费千金拈花惹草，勾引美貌女子，暗中与其私会。一些奸诈之徒利用他们的好色之心，以美色和风情精心设局诱骗，这些客居他乡戒备心不强的纨绔子弟很容易中圈套。主人公吴宣教就是因为贪恋赵县君的美貌，梦中与其共度良宵，之后一步步被骗光家产，最终落得人财两空。

《醒世恒言》卷二十八《吴衙内邻舟赴约》入话中谈到，长沙太守潘朗梦见状元匾额上题着儿子潘遇的名字。潘遇赴临安科考的途中，在一户人家暂住，钟情于主翁的女儿，夜里二人私订终身。此夜，潘朗再次做梦，但牌匾上的名字已经不是儿子了。潘遇因贪恋短暂的欢娱，被天帝剥夺了功名。《初刻拍案惊奇》卷三十二《乔兑换胡子宣淫　显报施卧师入定》入话也有类似的小故事。唐卿乘船往秀州赴试途中，对美丽的船家女动了心，与她眉来眼去、浓情蜜意。考试结束后，二人再次相会，船家女以身相许。唐卿的父亲夜里梦见两个放榜的官员通报："天门放榜，郎君已得首荐。"但旁边一人急急抢走这张纸，说："刘尧举（唐

卿）近日做了欺心事，已压了一科了。"《二刻拍案惊奇》卷十五《韩侍郎婢作夫人　顾提控掾居郎署》中江溶被人诬陷入狱，多亏大公无私的顾提控主持正义，救江家于危难之中，江溶为报救命之恩将女儿爱娘许配给顾提控。顾提控不愿乘人之危，将爱娘送回。一日，顾提控困倦打起盹来，梦见"空中云端里黄龙现身，彩霞一片，映在自己身上"。龙在中国古代文化中代表祥瑞，梦中黄龙现身，预示着将有好事降临。不久，顾提控因自己的仁义之举被皇上提拔为礼部主事。

古代非常重视女子的贞洁，多情少年遇到美丽少女如果能遵守礼法、保全女子节操，就会得到善报；但如果贪淫纵欲，就会减寿夺禄，遭到恶报。本书第四章解析了《警世通言》卷三十四《王娇鸾百年长恨》入话——廿二娘的鬼魂找负心汉杨川复仇的故事，主体故事王娇鸾的恋爱经历同样让人痛心不已。下面我们再来看一篇薄情郎被痴情女索命的故事——《二刻拍案惊奇》卷十一《满少卿饥附饱飏　焦文姬生仇死报》。

新上任的齐州知府满少卿和夫人朱氏刚搬进新的府邸，竟然在府内后堂遇到十年没有见面的结发妻子焦文姬和她的丫鬟青箱。文姬哭诉别后之苦，说父亲已死，家产也没了，只能千里迢迢来投奔他。少卿无奈，只好恳求朱氏收留她们主仆。好在朱氏贤惠豁达，文姬也小心谨慎，大家相处还比较和睦。过了好几天，少卿醉酒后进了文姬的房间，第二天日上三竿还没有起床。众人破门而入，进去一看，都惊得合不拢口。

　　众人走进去看时，只见满少卿直挺挺躺在地下，口鼻皆流鲜血。近前用手一摸，四肢冰冷，已气绝多时了。房内并无一人，那里有甚么焦氏？连青箱也不见了，刚留得些被卧在那里。众人忙请夫人进来。朱氏一见，惊得目睁口呆，大哭起来。哭罢道："不信有这样的异事！难道他两个人摆布死了相公，连夜走了？"众人道："衙门封锁，插翅也飞不出去；况且房里兀自关门闭户的，打从那里走得出来？"朱氏道："这等，难道青天白日相处这几时，这两个却是鬼不成？"似信不信。一面传出去，说少卿夜来暴死，着地方停当后事。

　　男主人死得莫名其妙，焦氏主仆二人也凭空消失了。这到底是怎么回事呢？朱氏的一个梦揭开了谜底。

　　朱氏悲悲切切，到晚来步进卧房，正要上床睡去，只见文姬打从床背后走将出来，对朱氏道："夫人休要烦恼！满生当时受我家厚恩，后来负心，一去不来。吾举家悬望，受尽苦楚，抱恨而死。我父见我死无聊，老人家悲哀过甚，与青箱丫头相继沦亡。今在冥府诉准，许自来索命。十年之怨，方得申报，我而今与他冥府对证去。家夫人相待好意，不敢相侵，转来告别。"朱氏正要问个仔细，一阵冷风遍体，飒然惊觉，乃是南柯一梦。才晓得文姬、青箱两个真是鬼，少卿之死，被他活捉了去阴府对理。

杀死满少卿的果然是两个女鬼，真令人匪夷所思！即使是停妻再娶，也不至于死罪。到底是多深的怨恨能让一个弱女子死后做了鬼，还要苦心策划复仇？这一切都要从十多年前说起。

满生出身淮南大族，世有显宦。但他心性不羁，狂放自负，且幼无父母，无人管束。很快他把家产挥霍殆尽，功名没有着落，又被族人嫌弃，几乎走投无路。正在危难之际，好扶贫济困的焦大郎看满生一表人才，极是义气，先是提供客店的食宿费，后来又安排他住在家里。没想到这一举动竟然是引狼入室，焦家父女的悲剧从此开始了。几个月后，焦大郎的独生女焦文姬与满生情投意合偷偷幽会，焦大郎知道后，虽然气愤，但是看满生与女儿情深义重，准许二人结为夫妇。婚后焦家供养满生读书、参加考试，满生不负众望，两年后的春天竟然一举登第。焦大郎见女婿考中，欢喜异常，大举宴请亲戚邻里，"一连吃了十来日酒。焦大郎费掉了好些钱钞，正是欢喜破财，不在心上"。

话说满生夫荣妻贵，暮乐朝欢。焦大郎本是个慷慨心性，愈加扯大，道是靠着女儿女婿，不忧下半世不富贵了。尽心竭力，供养着他两个，惟其所用。满生总是慷他人之慨，落得快活。过了几时，选期将及，要往京师。大郎道是选官须得使用才有好地方，只得把膏腴之产尽数卖掉了，凑着偌多银两，与满生带去。焦大郎家事原只如常，经这一番弄，已此十去八九。只靠着女婿选官之后，再图兴旺，所以毫不吝惜。

按照当时的风俗习惯，儿女婚姻必须经"父母之命，媒妁之言"才算合法，满生和焦文姬却是先有私情后成婚，而且这门婚姻只是女方认可，男方家族并不知情。诸多不合礼数已经埋下了悲剧的种子。此时，焦家大肆铺张庆祝，又卖掉田产为满生下一步的选官铺路。完全把对未来的期望放在一个根底不详的女婿身上，几乎耗尽了家财又让他们父女失去了经济来源和生活保障，一旦发生变故，焦家将十分被动。事实上，文姬也已经有了不祥的预感。

满生将行之夕，文姬对他道："我与你恩情非浅。前日应举之时，已曾经过一番离别，恰是心里指望好日，虽然牵系，不甚伤情。今番得第已过，只要去选地方，眼见得只有好处来了，不知为甚么，心中只觉凄惨，不舍得你别去，莫非有甚不祥？"满生道："我到京即选，甲榜科名必为美官。一有地方，便着人从来迎你与丈人同到任所，安享荣华。此是真得定的日子，别不多时的，有甚么不祥之处？切勿挂虑！"文姬道："我也晓得是这般的，只不知为何有些异样，不由人眼泪要落下来，更不知为甚缘故。"满生道："这番热闹了多时，今我去了，顿觉冷静，所以如此。"文姬道："这个也是。"

返京后，满生被授为临海县尉，本来要去接焦家父女一同赴任，但阴差阳错地被一个同族的哥哥带回淮南老家。随后在叔父的安排下，满生娶了大夫朱从简的女儿，抛弃了结发妻子焦文姬。

如果满生真的是被逼无奈，还情有可原，但他是半推半就，甚至是主动抛弃原配的。在京城时，同族的哥哥要他一起回家乡报喜讯，满生因为想去接岳父和妻子就不肯回去，但也不明说理由：

满生此时只该把实话对他讲，说个不得已的缘故，他也不好阻当得。怎奈满生有些不老气，恰像还要把这件事瞒人的一般，并不明说，但只东支西吾，凭那哥哥说得天花乱坠，只是不肯回去。

满生在外面娶亲并没有通知老家的亲人，他的叔父压根不知道他已经娶了焦文姬，因此给他安排了朱家的亲事。此时原本是公开婚讯的最佳时机，但满生继续沉默：

满生若是个有主意的，此时便该把凤翔流落，得遇焦氏之事，是长是短，备细对叔父说一遍道"成亲已久，负他不得，须辞了朱家之婚，一刀两断"，说得决绝，叔父未必不依允。

叔叔说已经帮他下了聘礼，还会出钱帮他办婚礼，他只要安心做新郎就行。满生很快就动心了："况且姻缘又好，又不要我费一些财物周折，也不该错过！”

到底满生是轻薄性子，见说朱家是宦室之女，好个模样，又不费己财，先自动了十二分火。只有文姬父女这一点念头，还有些良心不能尽绝。肚里展转了几番，却就变起卦来。大凡人只有初起这一念，是有天理的，依着行去，好事尽多。若是多转了两个念头，便有许多好贪诈伪，没天理的心来了。满生只为亲事摆脱不开，过了两日，便把一条肚肠换了转来，自想道：“文姬与我起初只是两个偷情，真得个外遇罢了，后来虽然做了亲，尤不是明婚正配。况且我既为官，做我配的须是名门大族，焦家不过市井之人，门户低微，岂堪受朝廷封诰作终身伉俪哉？我且成了这边朱家的亲，日后他来通消息时，好言回他，等他另嫁了便是。倘若必不肯去，事到其间，要我收留，不怕他不低头做小了。”

小说发展到这里，对满生的心理描写和性格刻画非常多，满生的轻薄放荡、得陇望蜀、“好贪诈伪”、违背天理、混淆是非、颠倒逻辑等人格中的阴暗面一一暴露出来。当初他被家族遗弃几乎要流落街头的时候是古道热肠的焦父收留了他，他孤独无望前途渺茫时是文姬给了他一个家，焦家父女倾其所有助他中科做官，他却开始嫌弃焦家门户低微。娶了朱氏之后，善良的朱氏知道了他的那段经历，主动提出接文姬过来一起生活，“既然未遇时节相处一番，而今富贵了，也不该便绝了他。我不比那世间妒忌妇人，倘或有便，接他来同住过日，未为不可"。这是又一次补过的机会，但满生断然回绝。这种冷酷、决绝、忘恩负义的薄情郎行为令人生厌。

满生走后，焦氏父女的具体情况小说中没有正面叙述，但他们处境的艰难可想而知。满生之负心，不仅是对文姬的伤害，也是对她老父亲的伤害。焦文姬付出了数年的青春、一生的期望，丈夫却一去不返、杳如黄鹤，真的是"绿袍年少，别牵系足之绳；青鬓佳人，立化望夫之石"。焦大郎大宴宾客，街坊邻里、十里八村都知道他的女婿已登科做官。他们不久就要被满生高头大马、风光无限地接走，但一切竟然都是镜花水月、黄粱一梦。荣耀很快变成耻辱。满生离开后久久不归，他们肯定也是多方打探，并得知他已另娶新人。父女二人当初轻信浪荡子的承诺，草率择婿嫁女，轻易把家产都花在满生身上，却换来被遗弃的结果，他们应该是把肠子都悔青了。十年间，他们不仅要承受经济和生活的压力，还要面对周围的闲言碎语，忍受情感和心理的折磨。正是在这种痛苦中，焦家父女和丫鬟青箱相继离世。

当初焦大郎在提亲时曾试探满生："只怕后生家看得容易了，他日负起心来。"满生回答："小生与令爱恩深义重，已设誓过了，若有负心之事，教满某不得好死！"对文姬他也发誓："他日有负，诚非人类！"做了高官、娶了名门闺秀、生活幸福的满少卿早就把这些誓言忘得一干二净，文姬却记得清清楚楚，即使做了鬼

魂，她也要为自己和父亲争口气。她在冥府递了诉状，阎王准许她
回到人间捉拿满生的魂魄对证。满生死了，焦氏父女得以洗雪。

话说天下最不平的，是那负心的事，所以冥中独重其罚，剑
侠专诛其人。那负心中最不堪的，尤在那夫妻之间。盖朋友内忘
恩负义，拼得绝交了他，便无别话。惟有夫妻是终身相倚的，一
有负心，一生怨恨，不是当要可以了账的事。古来生死冤家，一
还一报的，独有此项极多。

按照作家的观点，这又是一个天谴人怨的薄情郎的故事。对
于焦氏父女和满生，这是一场"情劫"和"命债"。世人应该记
住这个教训，不可辜负自己的配偶。从心理学的角度来看，这类
悲剧的根源是人性中的恶——放纵、贪婪、冷漠等阴暗的一面。
满生从小父母双亡，无人管教，内心道德的约束感很弱。他先是
挥霍掉了自己的家产，又间接挥霍光了焦家的产业，对焦氏父女
的情义和付出没有太多感恩，另娶后又完全忽视甚至否定焦家的
存在，在焦家的那段经历成了他的阴影，不可触碰。而焦母早
死，对女儿的约束也不够，焦文姬贪恋一时欢愉草率自献，焦父
想靠女婿换来更多的风光，其初衷也暴露了他们人性或道德上的
弱点。从象征意义上来说，文姬的鬼魂是焦氏父女的阴影，更是
满生的阴影。他们都是被各自的阴影吞没。这反映了一群人集体
被阴影毁灭的悲剧。

三、转化之殇——李瓶儿之死

《金瓶梅词话》约成书于明万历年间，它被誉为明代的"四大奇书"之首，叙述了西门庆家的兴衰史、罪恶史，以及一群女子的悲剧命运。书中有着大量的道德说教，因果报应色彩浓厚，它试图从反面告诉人们如何节制自己的欲望，如何理家治国。本节将分析《金瓶梅》之"瓶"——李瓶儿，希望能以此为切入点对这部名著的深刻寓意有所管窥。

传统戏曲故事《金瓶女》①

---

① 吴同宾改编，庞先健绘：《金瓶女》，天津：天津人民美术出版社1983年版。

　　李瓶儿是西门庆的第六个小妾，是《金瓶梅》众多女子中最具悲剧色彩的一个。她"生的甚是白净，五短身才，瓜子面儿，细湾湾两道眉儿"（见第十三回）。西门庆见了她"不觉魂飞天外"。关于李瓶儿的身世，作家没有明确交代，但是和西门庆的其他妻妾相比，她来自上流社会，是名副其实的白富美。她经历复杂，生活不幸。

　　原来花子虚浑家姓李，因正月十五所生，那日人家送了一对鱼瓶儿来，就小字唤做瓶姐。先与大名府梁中书为妾。梁中书乃东京蔡太师女婿，夫人性甚嫉妒，婢妾打死者多埋在后园中。这李氏只在外边书房内住，有养娘伏侍。只因政和三年正月上元之夜，梁中书同夫人在翠云楼上，李逵杀了全家老小，梁中书与夫人各自逃生。这李氏带了一百颗西洋大珠，二两重一对鸦青宝石，与养娘走上东京投亲。那时花太监由御前班直升广南镇守，因侄男花子虚没妻室，就使媒婆说亲，娶为正室。太监到广南去，也带他到广南，住了半年有余。不幸太监有病，告老在家，因是清河县人，在本县住了。如今花太监死了，一分钱多在子虚手里。（第十回）

　　李瓶儿最早是梁中书的小妾，后来做了花子虚的老婆，她手里掌握着两笔巨额财产：从梁家带走的"一百颗西洋大珠，二两重一对鸦青宝石"，以及花太监的大笔遗产。虽然年纪轻轻，但各种繁华富贵、各式人物嘴脸她都接触过、目睹过。她见过世面，也不缺钱，但是缺乏爱和安全感。梁中书、花子虚和实际上长期霸占她的花太监都没有满足过她。这是一个在精神和肉体上都极度饥渴的女人。她渴望掌握自己的命运，追求幸福的人生。

花子虚比李瓶儿小两岁，是一个纨绔子弟，没有正经事做，还"手里使钱撒漫"，跟着一群狐朋狗友胡吃海喝、眠花宿柳，整日不着家。李瓶儿打心底里瞧不上他。西门庆年近三十，没什么文化、很会钻营投机且一身痞气，但他生得身材魁梧、英俊潇洒，在商场、官场、情场和江湖上都混得不错，对朋友也很讲义气。在那个弱肉强食的时代，西门庆这种男人对女人很有吸引力。李瓶儿对他一见倾心。她主动勾引西门庆，很快两人一拍即合，瞒着花子虚长期偷情。在花子虚吃官司期间，她偷偷把大批财产转移到西门庆家；后来花子虚得了伤寒，她也不肯花钱给他看病，眼睁睁看着他病死。她也因此埋下了恶报的种子："浪荡贪淫西门子，背夫水性女娇流，子虚气塞柔肠断，他日冥司必报仇。"

花子虚死后，孝服未除，李瓶儿就央求西门庆娶她过门，做第六房小妾。恰巧此时杨戬被参，西门庆作为他的亲党也在查办之列。为了避祸，西门庆每日紧闭大门，足不出户，因此负了李瓶儿的婚约。等不到西门庆的确切消息，李瓶儿因忧思过度和遭狐魅得了一场重病。前来治病的御医蒋竹山看上了她，故意夸大其词吓唬她。她见蒋竹山说得有道理，也长得"人物飘逸"，就招赘了他。婚后不久李瓶儿就发现蒋竹山是个"中看不中吃"的"蜡枪头"，远远不及西门庆，非常不满意。趁着西门庆故意找人打击蒋竹山的关头，她怒骂蒋并将其赶走。此后，她一心只想嫁给西门庆。几经周折，李瓶儿终于如愿嫁入了西门府中。西门庆因恼怒她中途变卦，冷落了她几天，还用鞭子抽了她一顿。

看看说的西门庆怒气消下些来了。又问道："淫妇，你过来，我问你，我比蒋太医那厮谁强？"妇人道："你是个天，他是块砖；你在三十三天之上，他在九十九地之下。休说你这等为人上之人，只你每日吃用稀奇之物，他在世几百年还没曾看见哩！莫要说他，就是花子虚在日，若是比得上你时，奴也不恁般贪你了。你就是医奴的药一般，一经你手，教奴没日没夜只是想你。"

李瓶儿的这番话是奉承，也是她发自肺腑的真心话。经历过的五个男人，只有西门庆能满足她对性爱的渴求，能给她安全感、归属感。她真心爱着西门庆，为了嫁给他，她费尽了心思。这段表白打动了西门庆，激起了他对李瓶儿的爱意。猜疑消散，隔阂化解，他们重归于好，如胶似漆，恩爱异常。李瓶儿以为她终于找到了终生的幸福和靠山，没想到她的厄运也由此开始了。

清代插图《金瓶梅》

李瓶儿进门时，西门庆大摆三天宴席，宾客盈门，风光无限。即使娶正妻，排场也不过如此了。进门后，李瓶儿慷慨大方，待人宽容，处事谨慎，与其他姐妹关系甚好，更是深得西门庆的宠爱。这让西门庆的第五个小妾潘金莲妒火中烧，她想尽办法排挤、打击李瓶儿，甚至当面羞辱她。为了息事宁人，李瓶儿只能忍气吞声。在李瓶儿生下儿子官哥之后，潘金莲的嫉妒终于上升到了极点。她心狠手辣地策划了一场阴谋，利用自己驯养的狮子白猫抓伤并吓死了官哥。丧子之痛使李瓶儿病倒。丧心病狂的潘金莲仍然不依不饶，隔空咒骂："贼淫妇！我只说你日头常响午，却怎的今日也有错了的时节？你斑鸠跌了弹，也嘴答谷了。春凳折了靠背儿，没的倚了！王婆子卖了磨，推不的了！老鸨子死了粉头，没指望了！却怎的也和我一般？"李瓶儿伤心过度又气病交加，最终不治身亡。

从李瓶儿对待花子虚和蒋竹山的态度和行为可以看出，这个女人敢爱敢恨，强悍果断，有手腕有心机，为什么在嫁给西门庆之后就变得这么软弱无能，任人欺凌呢？

李瓶儿对花和蒋的冷漠甚至狠毒源于她对自己婚姻生活的不满意，她希望能够摆脱他们，和令自己称心如意的男人一起生活。而西门庆正是她心目中的理想配偶。所以她宁可自降身价，屈居第六房小妾，也一定要嫁到西门府中。事实上，他们婚后的感情确实达到了相爱相惜的高度。

李瓶儿是真心爱着西门庆，她把自己的万贯家财和整个身心都给了西门庆，全心全意为他付出，尽一切力量为他分忧解难、生儿育女，希望做个贤妻良母。在二人还没有偷情的时候，李瓶儿就主动与西门府中的妻妾交好；二人有了私情之后，更是亲自登门拜访，请客送礼；进门之后对每个人都很慷慨友善，与西门庆的女儿关系也很好，深受大家爱戴。她怕潘金莲吃醋，经常赶西门庆去潘金莲房中过夜；她怕西门庆烦心，对潘金莲的侮辱和陷害保持缄默；她记挂着西门庆的差事，不让他在病房陪护；她怕西门庆奢侈浪费，临死前还劝西门庆不要为自己的丧事大操大办。在《金瓶梅》这本充斥着淫欲和背叛的书里，他们之间的感情确实令人动容。

西门庆深知李瓶儿的好，她的付出他看在眼里记在心上。"他来了咱家这几年，大大小小，没曾惹了一个人，且是又好个性格儿，又不出语，你教我舍的他那些儿！"李瓶儿生病后，他花重金请来最好的医生，还请了道士为她作法驱邪。但李瓶儿大限已到，谁也没有回天之术。终于还是死于血崩顽疾。

西门庆听见李瓶儿死了，和吴月娘两步做一步奔到前边，揭起被，但见面容不改，体尚微温，脱然而逝，身上止着一件红绫抹胸儿。这西门庆也不顾的甚么身底下血渍，两只手捧着他香腮亲着，口口声声只叫："我的没救的姐姐，有仁义好性儿的姐姐！你怎的闪了我去了？宁可教我西门庆死了罢。我也不久活于世了，平白活着做甚么！"在房里离地跳的有三尺高，大放声号哭。（第六十二回）

李瓶儿死后，西门庆不吃不喝，暴跳如雷，乱发脾气，引起月娘她们的不满。西门庆妻妾成群，却没有人能真正理解他，唯一跟他比较贴心的李瓶儿也死了，他连倾诉的对象都没有了。他的两个结拜兄弟应伯爵、谢希大过来后，他向二人诉苦："好不睁眼的天，撇的我真好苦！宁可教我西门庆死了，眼不见就罢了。到明日，一时半霎想起来，你教我怎不心疼？平时，我又没曾亏欠了人，天何今日夺吾所爱之甚也！先是一个孩儿也没了，今日他又长伸脚子去了。我还活在世上做甚么？虽有钱过北斗，成何大用？"（第六十二回）西门庆花了三百二十两银子为李瓶儿准备了一副上好的棺木，专门请了画师为她画了遗像，又不计成本为她举办了一场最隆重的葬礼。从第六十回到第六十六回，从李瓶儿病重到发丧结束，小说用了整整七个回目讲述，可见她在西门庆心目中和整部作品中的重要性。

西门庆的妻妾、情人、妍头众多，比较重要的有三个人：正妻吴月娘，为人善良，宽容大度，西门庆对她很是敬重；五妾潘金莲，美貌狠毒，恃宠骄纵，西门庆对她多半是狎昵；六妾李瓶儿，富有又大方，美丽温柔，还非常善解人意，西门庆对她是欣赏、疼爱和珍惜。西门庆真正爱的大概只有李瓶儿。而李瓶儿也非常希望婚后能华丽转身为贤妻良母，与西门庆白头到老。

不管曾经受过多少伤，当爱情来临时，就是最好的医治和疗伤机会。从深度心理学的角度来看，天下最好的治疗者是自己的爱人。但曾经犯下的罪孽难以饶恕，背负着浓重的阴影如何成功转身？

《金瓶梅》插图　曹涵美绘

李瓶儿的死从表面上看是潘金莲造成的，实际上还有着更深层的原因：纵欲和命债。

李瓶儿被情欲控制，小说中有一段意味深长的描写，就是在西门庆违背婚约之后她被"狐魅"引诱而生的那场病。因《封神演义》等小说在民间的流行，明代正是狐狸精臭名昭著的时期，狐狸精是那时淫欲和邪恶的代表。李瓶儿为狐所魅，即被自己的色欲阴影控制。

> 妇人盼不见西门庆来，每日茶饭顿减，精神恍惚。到晚夕，孤眠枕上辗转踌躇。忽听外边打门，仿佛见西门庆来到。妇人迎门笑接，携手进房，问其爽约之情，各诉衷肠之话。绸缪缱绻，彻夜欢娱。鸡鸣天晓，便抽身回去。妇人恍然惊觉，大呼一声，精魂已失。冯妈妈听见，慌忙进房来看。妇人说道："西门他爹刚才出去，你关上门不曾？"冯妈妈道："娘子想得心迷了，那里得大官人来？影儿也没有！"妇人自此梦境随邪，夜夜有狐狸假名抵姓，摄其精髓。渐渐形容黄瘦，饮食不进，卧床不起。（第十七回）

第二十九回，西门庆请了吴神仙给大家看面相，吴神仙评价李瓶儿：

> 皮肤香细，乃富室之女娘；容貌端庄，乃素门之德妇。只是

多了眼光如醉，主桑中之约无穷；眉屝渐生，月下之期难定。观卧蚕明润而紫色，必产贵儿；体白肩圆，必受夫之宠。常遭疾厄，只因根上昏沉……（第二十九回）

"眼光如醉，主桑中之约"寓意李瓶儿性欲旺盛，"月下之期难定"点出李瓶儿崩漏之疾，"常遭疾厄，只因根上昏沉"暗示李瓶儿的疾病和悲剧命运都源于她对性爱的贪恋和沉迷。

李瓶儿死亡的另一个原因是花子虚阴间索命。花子虚死时年仅二十一岁，恰是风华正茂的年龄。花家几兄弟状告他私吞花太监的财产让他受了惊吓，李瓶儿除了转移自己的大量财产，还拿出花子虚的三千两银子让西门庆帮助疏通关系，托人说情。事情摆平之后银子还有大量剩余，但李瓶儿坚决不让西门庆拿出来。花子虚受了惊吓，又面临困境，得了伤寒重病，李瓶儿却见死不救，才导致他不治身亡。虽然不是直接的杀人凶手，但这始终是一起由李瓶儿主导、西门庆配合的命案。正因为如此，李瓶儿在病重后常常梦到花子虚纠缠。

当下，李瓶儿卧在床上，似睡不睡，梦见花子虚从前门外来，身穿白衣，恰活时一般。见了李瓶儿，厉声骂道："泼贼淫妇，你如何抵盗我财物与西门庆？如今我告你去也！"被李瓶儿一手扯住他衣袖，央及道："好哥哥，你饶恕我则个！"花子虚一顿，撒手惊觉，却是南柯一梦。醒来手里扯着却是官哥儿的衣衫

袖子。连哕了几口，道："怪哉！怪哉！"一听更鼓时，正打三更三点。李瓶儿唬的浑身冷汗，毛发皆竖起来。（第五十九回）

一日，九月初旬，天气凄凉，金风渐渐。李瓶儿夜间独宿房中，银床枕冷，纱窗月浸，不觉思想孩儿，唏嘘长叹，恍恍然恰似有人弹的窗棂响。李瓶儿呼唤丫鬟，都睡熟了不答，乃自下床来，倒及弓鞋，翻披绣袄，开了房门。出户视之，仿佛见花子虚抱着官哥儿叫他，新寻了房儿，同去居住。

李瓶儿还舍不的西门庆，不肯去，双手就抱那孩儿，被花子虚只一推，跌倒在地。

撒手惊觉，却是南柯一梦。吓了一身冷汗，呜呜咽咽，只哭到天明。（第六十回）

李瓶儿死前噩梦缠身，花子虚总是在梦中向她诉苦索命。在第六十二回，李瓶儿死期将至的那段时间，这类梦出现得更加频繁和真切。为此，西门庆请了潘道士作法驱邪，潘道士却说："此位娘子，惜乎为宿世冤愆诉于阴曹，非邪祟也，不可禳之。"见西门庆态度虔诚，潘道士决定为李瓶儿点燃本命灯，看看她的命数，结果"大风所过三次，忽一阵冷气来，把李瓶儿二十七盏本命灯尽皆刮灭"。道士走后，西门庆不顾劝告当晚冒险探视李瓶儿，他骗李瓶儿她的本命灯没事，李瓶儿不相信：

我的哥哥，你还哄我哩！刚才那厮领着两个人，又来在我跟前闹了一回，说道："你请法师来遣我，我已告准在阴司，决不容你！"发恨而去，明日便来拿我也。（第六十二回）

即使在李瓶儿死后，她还一再托梦给西门庆，诉说在阴间被花子虚报复之苦，并提醒西门庆少在外面花天酒地，注意生活检点，提高防备心理，以免被花子虚乘虚而入下毒手。

西门庆就歪在床炕上眠着了。王经在桌上小篆内炷了香，悄悄出来了。良久，忽听有人掀的帘儿响，只见李瓶儿蓦地进来，身穿糁紫衫、白绢裙，乱挽乌云，黄恹恹面容，向床前叫道："我的哥哥，你在这里睡哩，奴来见你一面。我被那厮告了一状，把我监在狱中，血水淋漓，与秽污在一处，整受了这些时苦。昨日蒙你堂上说了人情，减我三等之罪。那厮再三不肯，发恨还要告了来拿你。我待要不来对你说，诚恐你早晚暗遭毒手。我今寻安身之处去也，你须防范他。没事少要在外吃夜酒，往那去，早早来家。千万牢记奴言，休要忘了！"说毕，二人抱头而哭。西门庆便问："姐姐，你往那去？对我说。"李瓶儿顿脱，撒手却是南柯一梦。（第六十七回）

瓶儿何家托梦插画　崇祯本《金瓶梅》

　　李瓶儿叮叮嘱咐西门庆道："我的哥哥，切记休贪夜饮，早早回家。那厮不时伺害于你，千万勿忘！"言讫，挽西门庆相送。走出大街上，见月色如昼，果然往东转过牌坊，到一小巷，见一座双扇白板门，指道："此奴之家也。"言毕，顿袖而去。西门庆急向前拉之，恍然惊觉，乃是南柯一梦。（第七十一回）

　　李瓶儿死后托梦的那段时间，正是西门庆官场上日益得心应手、顺风顺水的时候，但梦中她的警告预示着西门庆也将为花子虚之死付出沉重的代价。西门庆后来直接死于纵欲过度，这是对他与李瓶儿等有妇之夫偷情享乐、寡廉鲜耻的最严酷的惩罚。

因此，李瓶儿之死，潘金莲的侮辱陷害仅仅是外部因素，直接原因是她的漏疾，但根本原因是她的阴影，即人性中的阴暗面。这个阴暗面是指她过度纵欲以及间接害死了前夫花子虚。李瓶儿实际上是《金瓶梅》中形象最丰满、刻画最成功、最具有人性美的一个女性，但作者一步一步让其走向死亡，甚至使她死后也不得安宁，显然有其用意：淫乐和偷情没有好下场，害死丈夫必定要遭到报应。作家虽然很喜欢、欣赏这位女性，对她和西门庆之间的深情和爱恋很向往，但仍给她贴上"淫妇"的标签进行批判。

在《金瓶梅》的众多女性中，李瓶儿这一形象的女性特征最为显著和集中。李瓶儿之"瓶"是容器，是女性和母性的象征。诺伊曼在《大母神：原型分析》中谈到，女性的基本特征是一个大圆，一个大容器，容纳了生命本身。即女人＝身体＝容器＝世界。荣格认为母亲原型有三种基本的属性：善良、激情和邪恶，这些是母亲的三个基本面向：她用以抚育和滋养的善良，她的狂热情感以及她的邪恶内心。李瓶儿汇集了梁中书和花太监的大量财富，那时她的作用是一个容纳物质的大容器。她像一个守财奴，对不爱的花子虚和蒋竹山非常吝啬、冷漠甚至残忍，不肯在他们身上浪费一分钱或一丝情感。这是她作为女性邪恶、阴冷的一面。但与西门庆相爱之后，她慷慨地把全部财产给了他，用它们滋养了整个西门府；同时，她把她全部性爱的激情给了西门庆，也用她的宽容、仁爱对待西门府上上下下的所有人；官哥出生后，她又一心一意要做一个好母亲，对孩子悉心呵护，与儿子的生命紧密连接，甚至官哥死了她也不久于人世。善良和激情同时在李瓶儿身上得到了充分的体现。

明代中晚期，在李贽、袁宏道等一批新时代思想家的大力鼓动下，人们热衷于追求个性解放，追求本能享受，沉醉于生命的乐趣。这在生命的满足和人性的需求等方面具有划时代的进步意义。但是放纵官能、放纵道德带来人性中恶的一面的膨胀，追求解禁人欲、张扬生命的过程中，却经历着生命的毁灭。《金瓶梅》便是在这样的社会风气和背景中探索恶与生命悲剧的永恒意义。由生命的基本欲求导向对人性内核的思考。整个社会经济高度繁荣，但政治、文化和社会秩序陷入混乱无序的状态。在这样的背景下，人欲日益滋生，人性不断受到污染，于是人走向沉沦，走向毁灭。西门庆、潘金莲、庞春梅等人的死亡以及北宋的灭亡正是这种恶之阴影造成的结果。

但李瓶儿与他们不同，她想改过，想弃恶从善，希望从淫奔之妇转化为贤妻良母，因此她的毁灭就带有浓重的悲剧色彩。可以说，李瓶儿的转化之殇具有强烈的象征意义，寓意那个时代的人们对生命本体的疑惑、恐惧以及对人类生存的绝望。

参考文献

［1］鲁迅校录：《唐宋传奇集》，北京：文学古籍刊行社1956年版。

［2］李昉等编：《太平广记》，北京：中华书局1961年版。

［3］干宝撰，汪绍楹校注：《搜神记》，北京：中华书局1979年版。

［4］叶舒宪选编：《神话——原型批评》，西安：陕西师范大学出版社1987年版。

［5］G. G. 荣格著，冯川、苏克译：《心理学与文学》，北京：生活·读书·新知三联书店1987年版。

［6］庄周著，郭象注：《庄子》，上海：上海古籍出版社1989年版。

［7］刘文英：《梦的迷信与梦的探索》，北京：中国社会科学出版社1989年版。

［8］C. G. 荣格著，梁绿琪译：《性与梦——无意识精神分析原理》，北京：中国国际广播出版社1989年版。

［9］傅正谷：《中国梦文化》，北京：中国社会科学出版社

1993 年版。

　　［10］王维堤：《神游华胥——中国梦文化》，上海：上海古籍出版社 1994 年版。

　　［11］李时人编校：《全唐五代小说》，西安：陕西人民出版社 1998 年版。

　　［12］埃利希·诺伊曼著，李以洪译：《大母神：原型分析》，北京：东方出版社 1998 年版。

　　［13］埃利希·诺伊曼著，高宪田、黄水乞译：《深度心理学与新道德》，北京：东方出版社 1998 年版。

　　［14］上海古籍出版社编，王根林等校点：《汉魏六朝笔记小说大观》，上海：上海古籍出版社 1999 年版。

　　［15］莫瑞·史坦著，朱侃如译：《荣格心灵地图》，台北：立绪文化事业有限公司 2017 年版。

　　［16］冯梦龙：《三言二拍之警世通言》，北京：金城出版社 1999 年版。

　　［17］冯梦龙：《三言二拍之喻世明言》，北京：金城出版社 1999 年版。

　　［18］西格蒙德·弗洛伊德著，孙名之、顾凯华、冯华英译：《梦的解析》，北京：国际文化出版公司 2001 年版。

　　［19］凌濛初：《初刻拍案惊奇》，海口：南海出版公司 2002 年版。

　　［20］凌濛初：《二刻拍案惊奇》，海口：南海出版公司 2002 年版。

［21］冯梦龙：《醒世恒言》，海口：南海出版公司 2002 年版。

［22］李建国：《中国狐文化》，北京：人民文学出版社 2002 年版。

［23］维蕾娜·卡斯特著，陈国鹏译：《人格阴影》，上海：上海译文出版社 2002 年版。

［24］安东尼·史蒂文斯著，杨韶刚译：《二百万岁的自性》，北京：中国社会科学出版社 2003 年版。

［25］默里·斯坦因著，喻阳译：《变形：自性的显现》，北京：中国社会科学出版社 2003 年版。

［26］姚伟钧：《神秘的占梦：梦文化散论》，南宁：广西人民出版社 2004 年版。

［27］安东尼·史蒂文斯著，杨晋译：《人类梦史》，海口：海南出版社 2006 年版。

［28］詹姆斯·霍尔著，廖婉如译：《荣格解梦书：梦的理论与解析》，台北：心灵工坊文化事业股份有限公司 2006 年版。

［29］兰陵笑笑生：《金瓶梅》，北京：人民文学出版社 2008 年版。

［30］维蕾娜·卡斯特著，王青燕、俞丹译：《梦：潜意识的神秘语言》，北京：国际文化出版公司 2008 年版。

［31］张敏：《论文化无意识及其临床心理治疗的意义》，《中国临床心理学杂志》2010 年第 6 期。

［32］蒲松龄著，张友鹤辑校：《聊斋志异》，上海：上海古籍出版社 2011 年版。

［33］C. G. 荣格著，徐德林译：《原型与集体无意识》，北京：国际文化出版公司 2011 年版。

［34］申荷永：《荣格与分析心理学》，北京：中国人民大学出版社 2012 年版。

［35］过常宝主编，贡方舟著：《梦文化》，北京：中国经济出版社 2013 年版。

后　记

我们每个人每天晚上都在做梦，但是到了第二天早上，只有个别梦能记起来，大部分都忘记了。有的人以为自己从来不做梦，其实只是遗忘了，梦又回到了无意识。我以前也认为自己很少做梦，但是学了心理学之后，梦（能回想起来的）渐渐多了起来。2016 年下半年是我写这本书的关键时期，我的个人分析也进入了一个比较深入的阶段。研究工作和内在探索两种因素相叠加，无意识被激活，大量的梦开始涌现，其中有些梦就带有浓厚的文化无意识和集体无意识原型的色彩。例如下面这个梦。

2016 年 8 月初我去了昆明，在大理和丽江周围玩了几天，当地美丽的自然风光和丰富的少数民族文化令我惊叹不已。离开的前一天，按照计划，朋友下午将带我去昆明民族博物馆参观。那天清晨我做了一个梦：热闹的集市上，很多商贩在售卖特产，一个七八十岁的老奶奶也在摆摊子。她面前放着一个草墩子，上面竟然趴着三只小老虎！虽然是幼崽，它们的个头还是挺大的，而草墩子太小了，装不下它们，有一只就被挤到下面去了。它着急地往上爬，等它爬上来，另外两只则又快要掉下去了，三个小家伙就这么你争我抢、挤来挤去。我看了感觉很好笑，又有点害怕，就问老人家："老奶奶，您怎么卖老虎啊？谁敢买啊？长大一些它会伤人的。"老人家看看我，笑眯眯地说："姑娘，你看清楚，这是小猫，不是老虎。"我定睛一看，果然是猫崽，不是虎崽。而就在这一瞬间，它们三个都安静乖顺地趴在草墩子上，上面的空间绰绰有余，一点也不拥挤。

梦醒后，感觉很奇怪，吓人的小老虎怎么一下子就变成了可爱的小猫咪呢？百思不得其解。早饭时跟朋友讨论这个梦，两个人都不明白其中的奥秘。一天的行程很满，很快就忘了这件事。等到下午参观博物馆时，一组瓦猫展品赫然出现在眼前。细看图片上的介绍，知道昆明乡下有一种习俗，为了辟邪消灾，人们在建房子时会在屋顶上安置一樽"瓦猫"，但它并不是猫，而是老虎，因为虎具有野性，太凶恶，就把它做成猫样——"以猫为虎"，所以叫作"瓦猫"。看到这里，我茅塞顿开，豁然顿悟：原来如此！就在今天早上，那个梦已经传递给我这一信息。梦中的老奶奶是一位智慧老人，提前向我透露了当地文化的小秘密。只是我太愚钝，当时没有参透。

我大学和研究生期间攻读的都是中文专业，毕业后在大学里教了5年中文课，后来机缘巧合学习了荣格的深度心理学，博士和博士后开始用原型分析的方法研究《聊斋志异》等古代小说和传统的文化意象。这本《古代小说与梦》是博士论文之外，我的第一本将心理学知识与文学作品相结合的专著，算是我的处女作。这本书从构思到成书前后历时两年多。在收集资料、梳理思路、着手写作、修改润饰的过程中，彼时苦思冥想，此刻又激情澎湃，昨夜陷入困境，今朝又柳暗花明，各种悲喜涌上心头。于我而言，这是一次专业的试炼，更是一段极为重要的自我成长之旅。希望它也能带给读者一次不一样的阅读体验和小小的收获。

感谢我的硕士生导师程国赋、张海沙两位教授，博士生导师吴和鸣、刘建新两位教授，博士后导师申荷永教授。他们各自以独特的人格魅力、深厚的学识修养、高屋建瓴的学术视野、自由开放的思想态度以及丰富的实践经验等，为我奠定了坚实的文学和心理学基础。他们的悉心教导和持续支持，让我有信心能在这条理论与实践相互结合、学术与生活相得益彰、度己与助人互相生发的路上坚定、执着地走下去。

感谢家人一直以来的支持和陪伴，有了他们，这五六年我才能顺利转行，安心做科研。

感谢暨南大学出版社组织编写和出版了这套"小说中国"系列丛书，很荣幸本书能够入选。还要感谢暨南大学出版社的编辑杜小陆与王雅琪，暨南大学博士后江曙，广东开放大学的讲师陈丹丹，华南师范大学心理学院的研究生刘媛媛、宋航、徐凯等的支持和付出。

另外，本书引用了大量的资料和文献，不能一一在参考文献中列出，在此一并向作者和编者致歉和致谢。

周彩虹
于华南师范大学园田居
2017 年 9 月 1 日